Ledger of U.S. Coins

Compiled by the Staff of Coin World

Edited by Beth Deisher and Suellen Ruttkay

Publisher: Ann Marie Aldrich

Third Edition

Copyright 1998 Coin World
Sidney, Ohio 45365-0150
ISBN: 0-944945-28-7

Published by Amos Press Inc., P.O. Box 150, Sidney, Ohio 45365-0150. Publisher of Coin World, the leading weekly publication for coin collectors; Linn's Stamp News; Cars & Parts; the Scott Publishing line of philatelic catalogs and albums; and Moneycard Collector, for collectors of telephone cards and other prepaid and debit cards.

The Ledger of United States Coins is available at special quantity discounts for bulk purchases. For more information, write Coin World Books, P.O. Box 150, Sidney, Ohio 45365-0150; or call 937-498-0800.

All rights reserved. No part of this book may be reproduced in any form without the written consent of the publisher.

Using the Ledger

The *Ledger of U.S. Coins* is designed for use as a record-keeping tool for your U.S. coin collection. It will fit into most bank safe-deposit boxes, and yet is large enough for complete information.

The listings are organized by denomination and type. The date and Mint mark of each U.S. coin is listed, and major varieties are included. Mintage figures are from a number of official and unofficial sources and in a few cases may differ from mintages listed elsewhere. However, all are thoroughly researched and represent *Coin World's* estimate of pieces actually produced and released into circulation. No attempt was made to establish the survival rate, or current rarity, of the coins. Mintages are separated by business strike or Uncirculated, and Proof. Proof is a special method of manufacture, usually for sale directly to collectors.

Mint marks take special explanation. From 1793 to 1837, all U.S. coins were struck at the Philadelphia Mint, and from 1793 to 1979, with a brief exception from 1942-45, none bore a Mint mark. Beginning in 1965 and into the 1970s and 1980s, the Mints at Philadelphia, San Francisco and West Point during the same year occasionally struck coins without Mint marks, which are indistinguishable from each other. To distinguish these coins from each other, some listings bear a Mint mark enclosed by parentheses (P). This indicates where the coin was minted (in this example, the Philadelphia Mint); this style is only used for those years in which more than one Mint struck coins without a Mint mark. Coins that are followed by a Mint mark without a parentheses actually bear that Mint mark (as in 1998-S).

Where an (R) appears in the mintage column, a significant number of the pieces are restrikes, pieces made from authentic dies, but at a later date. Where an (R) follows a number, that number represents the original mintage. In some instances it is impossible to distinguish how many of each variety of a date/Mint combination were struck. When a variety follows another of the same date/Mint, and no mintage number is shown, it can be assumed that the number is included in the preceding mintage figure. When a figure is given for Proofs, but not for business strikes, then it can be assumed that no business strikes of that date/Mint combination were issued. An asterisk in the Proof column indicates no coins were issued. Listings for circulating coins include the new State quarter dollars and the Sacajawea dollar and all are extended through 2008. However, listings after 1999 are purely speculative; coins in those denominations may or may not be produced by any of the various Mints.

Commemorative coins are listed chronologically. Because of the increasingly rapid rate of issuance of modern commemoratives, we provide several pages of blank lines for you to fill in as you see fit.

Many of the changes made in this edition of the Ledger are the direct result of comments from users of the previous edition. We welcome your comments.

Contents

Half Cent

Liberty Cap, Left half cent

	Business	Proof	Grade	Date Purchased	Amount Paid	Notes
1793	35,334					

Liberty Cap, Right half cent

	Business	Proof	Grade	Date Purchased	Amount Paid	Notes
1794	81,600					
1795	139,690					
1796 With Pole	1,390					
1796 No Pole						
1797 Plain Edge	127,840					
1797 Lettered Edge						
1797 Gripped Edge						

Draped Bust half cent

	Business	Proof	Grade	Date Purchased	Amount Paid	Notes
1800	202,908					
1802/0	20,266					
1802/0 Reverse of 1800						
1803	92,000					
1804	1,055,312					
1804 Spiked Chin						
1805	814,464					
1805 Small 5, Stems						
1806	356,000					
1806 Small 6, Stems						
1807	476,000					
1808	400,000					
1808/7						

Classic Head half cent

	Business	Proof	Grade	Date Purchased	Amount Paid	Notes
1809	1,154,572					
1809/6						
1810	215,000					
1811	63,140					
1825	63,000	*				
1826	234,000	*				
1828 12 Stars	606,000	*				
1829	487,000	*				
1828 13 Stars		*				
1831	2,200	(R)				
1832	154,000	*				
1833	120,000	*				
1834	141,000	*				
1835	398,000	*				
1836		(R)				

Coronet half cent

	Business	Proof	Grade	Date Purchased	Amount paid	Notes
1840		(R)				
1841		(R)				
1842		(R)				
1843		(R)				
1844		(R)				
1845		(R)				
1846		(R)				
1847		(R)				
1848		(R)				
1849 Large Date	43,364	(R)				
1850	39,812	*				
1851	147,672	*				
1852		(R)				
1853	129,694					
1854	55,358	*				
1855	56,500	*				
1856	40,430	(R)				
1857	35,180	(R)				

Cent

Flowing Hair, Chain cent

	Business	Proof	Grade	Date Purchased	Amount Paid	Notes
1793 AMERICA	36,103					
1793 AMERI						

Flowing Hair, Wreath cent

	Business	Proof	Grade	Date Purchased	Amount Paid	Notes
1793	63,353					
1793 Lettered Edge						
1793 Strawberry Leaf						

Liberty Cap cent

	Business	Proof	Grade	Date Purchased	Amount Paid	Notes
1793	11,056					
1794 Head of 1793	918,521					
1794						
1794 Starred Reverse						
1795 Plain Edge	538,500					
1795 Lettered Edge						
1795 Jefferson Head, Plain Edge						
1796	109,825					

Draped Bust cent

	Business	Proof	Grade	Date Purchased	Amount Paid	Notes
1796 Reverse of 1794	363,375					
1796 Reverse of 1796						
1796 Reverse of 1797						
1796 LIHERTY						
1797 Reverse of 1797, Stems	897,510					
1797 Gripped Edge of 1796						
1797 Plain Edge of 1796						
1797 Reverse of 1797, Stemless						
1798 1st Hair Style1	1,841,745					
1798 2nd Hair Style						
1798 Reverse of 1796						
1798/7 1st Hair Style						
1799	42,540					
1799/8						
1800 Normal Date	2,822,175					
1800/1798 (P) 1st Hair Style						
1800/79 2nd Hair Style						
1801	1,362,837					
1801 3 Errors						
1801 1/000						
1801 1/100 over 1/000						
1802	3,435,100					
1802 Stemless						
1802 1/000						
1803	3,131,691					
1803 Large Date, Small Fraction						
1803 Large Date, Large Fraction						
1803 Stemless						
1803 1/100 over 1/000						
1804	96,500					
1805	941,116					
1806	348,000					
1807 Large Fraction	829,221					
1807 Small Fraction						
1807/6 Large 7						
1807/6 Small 7						
1808	1,007,000					
1809	222,867					
1810	1,458,500					
1810/09						
1811	218,025					

Classic Head cent

	Business	Proof	Grade	Date Purchased	Amount Paid	Notes
1811/0						
1812	1,075,500					
1813	418,000					
1814	357,830					
1814 Plain 4						
1814 Crosslet 4						

Coronet cent

	Business	Proof	Grade	Date Purchased	Amount Paid	Notes
1816	2,820,982					
1817 13 Stars	3,948,400	*				
1817 15 Stars		*				
1818	3,167,000	*				
1819	2,671,000	*				
1819/8		*				
1820	4,407,550	*				
1820/19		*				
1821	389,000	*				
1822	2,072,339	*				
1823	68,061	*				
1823/2		*				
1824	1,193,939					
1824/2						
1825	1,461,100	*				
1826	1,517,425	*				
1826/5		*				
1827	2,357,732	*				
1828 Large Date	2,260,624	*				
1828 Small Date		*				
1829 Large Letters	1,414,500	*				
1829 Medium Letters		*				
1830 Large Letters	1,711,500	*				

	Business	Proof	Grade	Date Purchased	Amount Paid	Notes
1830 Medium Letters		*				
1831	3,539,260	*				
1832	2,362,000	*				
1833	2,739,000	*				
1834	1,855,100	*				
1834 Large 8, Stars, Reverse Letters		*				
1834 Large 8, Stars, Medium Letters		*				
1835	3,878,400	*				
1835 Type of 1836		*				
1836	2,111,000	*				
1837	5,558,300	*				
1838	6,370,200	*				
1839 Head of 1838	3,128,661	*				
1839/6		*				
1839 Silly Head		*				
1839 Booby Head		*				
1839		*				
1840	2,462,700	*				
1840 Small Date, Large 18		*				
1841 Small Date	1,597,367	*				
1842	2,383,390	*				
1843 Petite Head, Small Letters	2,425,342	*				
1843 Mature Head, Small Letters		*				
1843 Petite Head, Large Letters		*				
1844	2,398,752	*				
1844/81		*				
1845	3,894,804	*				
1846	4,120,800	*				
1846 Small Date		*				
1847	6,183,669	*				
1847/Small 7		*				
1848	6,415,799	*				
1849	4,178,500	*				
1850	4,426,844	*				
1851	9,889,707					
1851/81						
1852	5,063,094	*				
1853	6,641,131					
1854	4,236,156	*				
1855	1,574,829	*				
1855 Slant 5, Knob		*				
1856	2,690,463	*				
1857 Small Date	333,456	*				
1857 Large Date		*				

Flying Eagle cent

	Business	Proof	Grade	Date Purchased	Amount Paid	Notes
1857	17,450,000	*				
1858 Large Letters	24,600,000	*				
1858 Small Letters		*				
1858/7		*				

Indian Head cent

	Business	Proof	Grade	Date Purchased	Amount Paid	Notes
1859	36,400,000	*				
1860 Shield Added	20,566,000	1,000				
1861	10,100,000	1,000				
1862	28,075,000	550				
1863	49,840,000	460				
1864 Copper-nickel	13,740,000	470				
1864 Bronze, Initial L	39,233,714					
1864 Bronze, No Initial L						
1865	35,429,286	500				
1866	9,826,500	725				
1867	9,821,000	625				
1868	10,266,500	600				
1869	6,420,000	600				
1870	5,275,000	1,000				
1871	3,929,500	960				
1872	4,042,000	950				
1873 Closed 3	11,676,500	1,100				
1873 Doubled LIBERTY						
1873 Open 3						
1874	14,187,500	700				
1875	13,528,000	700				
1876	7,944,000	1,150				
1877	852,500	510				
1878	5,797,500	2,350				
1879	16,228,000	3,200				
1880	38,961,000	3,955				
1881	39,208,000	3,575				
1882	38,578,000	3,100				
1883	45,591,500	6,609				
1890		2,740				
1884	23,257,800	3,942				
1885	11,761,594	3,790				
1886 Feather between 1 and C						
	17,650,000	4,290				
1886 Feather between C and A						
1887	45,223,523	2,960				
1888	37,489,832	4,582				
1888/7						
1889	48,866,025	3,336				

	Business	Proof	Grade	Date Purchased	Amount Paid	Notes
1890		2,740				
1891		2,350				
1892	37,647,087	2,745				
1893	46,640,000	2,195				
1894	16,749,500	2,632				
1895	38,341,574	2,062				
1896	39,055,431	1,862				
1897	50,464,392	1,938				
1898	49,821,284	1,795				
1899	53,598,000	2,031				
1900	66,821,284	2,262				
1901	79,609,158	1,985				
1902	87,374,704	2,018				
1903	85,092,703	1,790				
1904	61,326,198	1,817				
1905	80,717,011	2,152				
1906	96,020,530	1,725				
1907	108,137,143	1,475				
1908	32,326,367	1,620				
1908-S	1,115,000					
1909	14,368,470	2,175				
1909-S	309,000					

Lincoln, Wheat Ears cent

	Business	Proof	Grade	Date Purchased	Amount Paid	Notes
1909 With VDB	27,994,580	420		·		
1909 Without VDB	72,700,420	2,198				
1909-S With VDB	484,000					
1909-S Without VDB	1,825,000					
1910	146,798,813	2,405				
1910-S	6,045,000					
1911	101,176,054	1,733				
1911-D	12,672,000					
1911-S	4,026,000					
1912	68,150,915	2,145				
1912-D	10,411,000					
1912-S	4,431,000					
1913	76,529,504	2,848				
1913-D	15,804,000					
1913-S	6,101,000					
1914	75,237,067	1,365				
1914-D	1,193,000					
1914-S	4,137,000					
1915	29,090,970	1,150				
1915-D	22,050,000					
1915-S	4,833,000					
1916	131,832,627	1,050				

	Business *	Proof	Grade	Date Purchased	Amount Paid	Notes
1916-D	35,956,000					
1916-S	22,510,000					
1917	196,429,785	*				
1917-D	55,120,000					
1917-S	32,620,000					
1918	288,104,634					
1918-D	47,830,000					
1918-S	34,680,000					
1919	392,021,000					
1919-D	57,154,000					
1919-S	139,760,000					
1920	310,165,000					
1920-D	49,280,000					
1920-S	46,220,000					
1921	39,157,000					
1921-S	15,274,000					
1922-D	7,160,000					
1922 (D) Missing D						
1923	74,723,000					
1923-S	8,700,000					
1924	75,178,000					
1924-D	2,520,000					
1924-S	11,696,000					
1925	139,949,000					
1925-D	22,580,000					
1925-S	26,380,000					
1926	157,088,000					
1926-D	28,020,000					
1926-S	4,550,000					
1927	144,440,000					
1927-D	27,170,000					
1927-S	14,276,000					
1928	134,116,000					
1928-D	31,170,000					
1928-S	17,266,000					
1929	185,262,000					
1929-D	41,730,000					
1929-S	50,148,000					
1930	157,415,000					
1930-D	40,100,000					
1930-S	24,286,000					
1931	19,396,000					
1931-D	4,480,000					
1931-S	866,000					
1932	9,062,000					
1932-D	10,500,000					
1933	14,360,000					
1933-D	6,200,000					
1934	219,080,000					
1934-D	28,446,000					
1935	245,388,000					
1935-D	47,000,000					
1935-D	38,702,000					
1936	309,632,000	5,569				
1936-D	40,620,000					

	Business	Proof	Grade	Date Purchased	Amount Paid	Notes
1936-S	29,130,000					
1937	309,170,000	9,320				
1937-D	50,430,000					
1937-S	34,500,000					
1938	156,682,000	14,734				
1938-D	20,010,000					
1938-S	15,180,000					
1939	316,466,000	13,520				
1939-D	15,160,000					
1939-S	52,070,000					
1940	586,810,000	15,872				
1940-D	81,390,000					
1940-S	112,940,000					
1941	887,018,000	21,100				
1941-D	128,700,000					
1941-S	92,360,000					
1942	657,796,000	32,600				
1942-D	206,698,000					
1942-S	85,590,000					
1943	684,628,670					
1943-D	217,660,000					
1943-S	191,550,000					
1944	1,435,400,000					
1944-D	430,578,000					
1944-D/S Variety 1						
1944-D/S Variety 2						
1944-S	282,760,000					
1945	1,040,515,000					
1945-D	226,268,000					
1945-S	181,770,000					
1946	991,655,000					
1946-D	315,690,000					
1946-S	198,100,000					
1947	190,555,000					
1947-D	194,750,000					
1947-S	99,000,000					
1948	317,570,000					
1948-D	172,637,500					
1948-S	81,735,000					
1949	217,775,000					
1949-D	153,132,500					
1949-S	64,290,000					
1950	272,635,000	51,386				
1950-D	334,950,000					
1950-S	118,505,000					
1951	294,576,000	57,500				
1951-D	625,355,000					
1951-S	136,010,000					
1952	186,765,000	81,980				
1952-D	746,130,000					
1952-S	137,800,004					
1953	256,755,000	128,800				
1953-D	700,515,000					
1954	71,640,050	233,300				
1954-D	251,552,500					

	Business	Proof	Grade	Date Purchased	Amount Paid	Notes
1954-S	96,190,000					
1955	330,580,000	378,200				
1955 Doubled Die						
1955-D	563,257,500					
1955-S	44,610,000					
1956	420,745,000	669,384				
1956-D	1,098,210,100					
1957	282,540,000	1,247,952				
1957-D	1,051,342,000					
1958	252,525,000	875,652				
1958-D	800,953,300					

Lincoln, Memorial cent

	Business	Proof	Grade	Date Purchased	Amount Paid	Notes
1959	609,715,000	1,149,291				
1959-D	1,279,760,000					
1960 Large Date	586,405,000	1,691,602				
1960 Small Date						
1960-D Large Date	1,580,884,000					
1960-D Small Date						
1961	753,345,000	3,028,244				
1961-D	1,753,266,700					
1962	606,045,000	3,218,019				
1962-D	1,793,148,400					
1963	754,110,000	3,075,645				
1963-D	1,774,020,400					
1964	2,648,575,000	3,90,762				
1964-D	3,799,071,500					
1965 (P)	301,470,000					
1965 (D)	973,364,900					
1965 (S)	220,030,000					
1966 (P)	811,100,000					
1966 (D)	991,431,200					
1966 (S)	383,355,000					
1967 (P)	907,575,000					
1967 (D)	1,327,377,100					
1967 (S)	813,715,000					
1968	1,707,880,970					
1968-D	2,886,269,600					
1968-S	258,270,001	3,041,506				
1969	1,135,910,000					

	Business	Proof	Grade	Date Purchased	Amount Paid	Notes
1969-D	4,002,832,200					
1969-S	544,375,000	2,934,631				
1970	1,898,315,000					
1970-D	2,891,438,900					
1970-S Low 7	690,560,004	2,632,810				
1970-S Level 7						
1971	1,919,490,000					
1971-D	2,911,045,600					
1971-S	525,130,054	3,220,733				
1972	2,933,255,000					
1972 Doubled-Die						
1972-D	2,655,071,400					
1972-S	380,200,104	3,260,996				
1973	3,728,245,000					
1973-D	3,549,576,588					
1973-S	319,937,634	2,760,339				
1974	4,232,140,523					
1974-D	4,235,098,000					
1974-S	409,421,878	2,612,568				
1975 (P)	3,874,182,000					
1975-D	4,505,275,300					
1975-S		2,845,450				
1975 (W)	1,577,294,142					
1976 (P)	3,133,580,000					
1976-D	4,221,592,455					
1976-S						
1976 (W)	1,540,695,000					
1977 (P)	3,074,575,000					
1977-D	4,194,062,300					
1977-S		3,236,798				
1977 (W)	1,395,355,000					
1978 (P)	3,735,655,000					
1978-D	4,280,233,400					
1978 (S)	291,700,000					
1978-S		3,120,285				
1978 (W)	1,531,250,000					
1979 (P)	3,560,940,000					
1979-D	4,139,357,254					
1979 (S)	751,725,000					
1979-S Filled S		3,677,175				
1979-S Clear S						
1979 (W)	1,705,850,000					
1980 (P)	6,230,115,000					
1980-D	5,140,098,660					
1980 (S)	1,184,590,000					
1980-S		3,554,806				
1980 (W)	1,576,200,000					
1981 (P)	6,611,305,000					
1981-D	5,373,235,677					
1981 (S)	880,440,000					
1981-S		4,063,083				
1981 (W)	1,882,400,000					
1982 (P) Large Date brass						
	7,135,275,000					
1982 (P) Large Date zinc						

	Business	Proof	Grade	Date Purchased	Amount Paid	Notes
1982 (P) Small Date brass						
1982 (P) Small Date zinc						
1982-D Large Date brass	6,012,979,368					
1982-D Large Date zinc						
1982-D Small Date zinc						
1982 (S)	1,587,245,000					
1982-S		3,857,479				
1982 (W)	1,990,005,000					
1983 (P)	5,567,190,000					
1983 (P) Doubled Die						
1983-D	6,467,199,428					
1983 (S)	180,765,000					
1983-S		3,279,126				
1983 (W)	2,004,400,000					
1984 (P)	6,114,864,000					
1984 (P) Doubled Die						
1984-D	5,569,238,906					
1984-S		3,065,110				
1984 (W)	2,036,215,000					
1985 (P)	4,951,904,887					
1985-D	5,287,399,926					
1985-S		3,362,821				
1985 (W)	696,585,000					
1986 (P)	4,490,995,493					
1986-D	4,442,866,698					
1986-S		3,010,497				
1986 (W)	400,000					
1987	4,682,466,931					
1987-D	4,879,389,514					
1987-S		3,792,233				
1988	6,092,810,000					
1988-D	5,253,740,443					
1988-S		3,262,948				
1989	7,261,535,000					
1989-D	5,345,467,711					
1989-S		3,220,914				
1990	6,851,765,000					
1990-D	4,922,894,553					
1990-S		3,299,559				
1991	5,165,940,000					
1991-D	4,158,442,076					
1991-S		2,867,787				
1992	4,648,905,000					
1992-D	4,448,673,300					
1992-S		4,176,544				
1993	5,684,705,000					
1993-D	6,426,650,571					
1993-S		3,360,876				
1994	6,400,850,000					
1994-D	7,131,765,000					
1994-S		3,222,140				
1995	6,411,440,000					
1995-D	7,128,560,000					
1995-S		2,791,067				
1996	6,612,465,000					

	Business	Proof	Grade	Date Purchased	Amount Paid	Notes
1996-D	6,510,795,000					
1996-S		2,920,158				
1997	4,622,800,000					
1997-D	4,576,555,000					
1997-S		2,796,194				
1998						
1998-D						
1998-S						
1999						
1999-D						
1999-S						
2000						
2000-D						
2000 S						
2001						
2001-D						
2001-S						
2002						
2002-D						
2002-S						
2003						
2003-D						
2003-S						
2004						
2004-D						
2004-S						
2005						
2005-D						
2005-S						
2006						
2006-D						
2006-S						
2007						
2007-D						
2007-S						
2008						
2008-D						
2008-S						

Two cents

	Business	Proof	Grade	Date Purchased	Amount Paid	Notes
1864 Small Motto	19,847,500	100				
1864 Large Motto						
1865	13,640,000	500				
1866	3,177,000	725				

	Business	Proof	Grade	Date Purchased	Amount Paid	Notes
1867	2,938,750	625				
1868	2,803,750	600				
1869	1,546,500	600				
1870	861,250	1,000				
1871	721,250	960				
1872	65,000	950				
1873 Closed 3		1,100				
1873 Open 3 restrike						

Three cents

Copper-nickel three cents

	Business	Proof	Grade	Date Purchased	Amount Paid	Notes
1865	11,382,000	400				
1866	4,801,000	725				
1867	3,915,000	625				
1868	3,252,000	600				
1869	1,604,000	600				
1870	1,335,000	1,000				
1871	604,000	960				
1872	862,000	950				
1873 Closed 3	1,173,000	1,100				
1873 Open 3						
1874	790,000	700				
1875	228,000	700				
1876	162,000	1,150				
1877		510				
1878		2,350				
1879	38,000	3,200				
1880	21,000	3,955				
1881	1,077,000	3,575				
1882	22,200	3,100				
1883	4,000	6,609				
1884	1,700	3,942				
1885	1,000	3,790				
1886		4,290				
1887	5,001	2,960				
1887/6						
1888	36,501	4,582				
1889	18,125	3,336				

Five cents

Shield five cents

	Business	Proof	Grade	Date Purchased	Amount Paid	Notes
1866 Rays	14,742,500	125				
1867 Rays	30,909,500	625				
1867 No Rays						
1868	28,817,000	600				
1869	16,395,000	600				
1870	4,806,000	1,000				
1871	561,000	960				
1872	6,036,000	950				
1873 Closed 3	4,550,000	1,100				
1873 Open 3						
1874	3,538,000	700				
1875	2,097,000	700				
1876	2,530,000	1,150				
1877		510				
1878		2,350				
1879	25,900	3,200				
1880	16,000	3,955				
1881	68,800	3,575				
1882	11,473,500	3,100				
1883	1,451,500	5,419				
1883/2						

Liberty Head five cents

	Business	Proof	Grade	Date Purchased	Amount Paid	Notes
1883 No CENTS	5,474,300	5,21				
1883 With CENTS	16,026,200	6,783				
1884	11,270,000	3,942				
1885	1,472,700	3,790				
1886	3,326,000	4,290				
1887	15,260,692	2,960				
1888	10,715,901	4,582				
1889	15,878,025	3,336				

	Business	Proof	Grade	Date Purchased	Amount Paid	Notes
1891	16,832,000	2,350				
1892	11,696,897	2,745				
1893	13,368,000	2,195				
1894	5,410,500	2,632				
1895	9,977,822	2,062				
1896	8,841,058	1,862				
1897	20,426,797	1,938				
1898	12,530,292	1,795				
1899	26,027,000	2,031				
1900	27,253,733	2,262				
1901	26,478,228	1,985				
1902	31,487,561	2,018				
1903	28,004,935	1,790				
1904	21,401,350	1,817				
1905	29,825,124	2,152				
1906	38,612,000	1,725				
1907	39,213,325	1,475				
1908	22,684,557	1,620				
1909	11,585,763	4,763				
1910	30,166,948	2,405				
1911	39,557,639	1,733				
1912	26,234,569	2,145				
1912-D	8,474,000					
1912-S	238,000					
1913						

Indian Head five cents

	Business	Proof	Grade	Date Purchased	Amount Paid	Notes
1913 Bison on Mound	30,992,000	1,520				
1913 Bison on Plain	29,857,186	1,514				
1913-D Bison on Mound	5,337,000					
1913-D Bison on Plain	4,156,000					
1913-S Bison on Mound	2,105,000					
1913-S Bison on Plain	1,209,000					
1914	20,664,463	1,275				
1914-D	3,912,000					
1914-S	3,470,000					
1915	20,986,220	1,050				
1915-D	7,569,500					
1915-S	1,505,000					
1916	63,497,466	600				
1916 Doubled-Die						
1916-D	13,333,000					
1916-S	11,860,000					
1917	51,424,029	*				
1917-D	9,910,800					

	Business	Proof	Grade	Date Purchased	Amount Paid	Notes
1917-S	4,193,000					
1918	32,086,314					
1918-D	8,362,000					
1918-S	4,882,000					
1919	60,868,000					
1919-D	8,006,000					
1919-S	7,521,000					
1920	63,093,000					
1920-D	9,418,000					
1920-S	9,689,000					
1921	10,663,000					
1921-S	1,557,000					
1923	35,715,000					
1923-S	6,142,000					
1924	21,620,000					
1924-D	5,258,000					
1924-S	1,437,000					
1925	35,565,100					
1925-D	4,450,000					
1925-S	6,256,000					
1926	44,693,000					
1926-D	5,638,000					
1926-S	970,000					
1927	37,981,000					
1927-D	5,730,000					
1927-S	3,430,000					
1928	23,411,000					
1928-D	6,436,000					
1928-S	6,936,000					
1929	36,446,000					
1929-D	8,370,000					
1929-S	7,754,000					
1930	22,849,000					
1930-S	5,435,000					
1931-S	1,200,000					
1934	20,213,003					
1934-D	7,480,000					
1935	58,264,000					
1935-D	12,092,000					
1935-S	10,300,000					
1936	118,997,000	4,420				
1936-D	24,814,000					
1936-S	14,930,000					
1937	79,480,000	5,769				
1937-D	17,826,000					
1937-D 3 Legs						
1937-S	5,635,000					
1938-D	7,020,000					
1938-D/D						
1938-D/S						

Jefferson five cents

	Business	Proof	Grade	Date Purchased	Amount Paid	Notes
1938	19,496,000	19,365				
1938-D	5,376,000					
1938 S	4,105,000					
1939	120,615,000	12,535				
1939 Doubled Die						
1939-D	3,514,000					
1939-S	6,630,000					
1940	176,485,000	14,158				
1940-D	43,540,000					
1940-S	39,690,000					
1941	203,265,000	18,720				
1941-D	53,432,000					
1941-S	43,445,000					
1942-P Wartime alloy	57,873,000	27,600				
1942	49,789,000	29,600				
1942-D	13,938,000					
1942-S	32,900,000					
1943-P	271,165,000					
1943/2-P						
1943-P Doubled Eye						
1943-D	15,294,000					
1943-S	104,060,000					
1944-P	119,150,000					
1944 D	32,309,000					
1944-S	21,640,000					
1945-P	119,408,100					
1945-P Doubled Die						
1945-D	37,158,000					
1945-S	58,939,000					
1946	161,116,000					
1946-D	45,292,200					
1946-S	13,560,000					
1947	95,000,000					
1947-D	37,822,000					
1947-S	24,720,000					
1948	89,348,000					
1948-D	44,734,000					
1948-S	11,300,000					
1949	60,652,000					
1949-D	36,498,000					
1949-D/S						
1949-S	9,716,000					
1950	9,796,000	51,386				
1950-D	2,630,030					
1951	28,552,000	57,500				

	Business	Proof	Grade	Date Purchased	Amount Paid	Notes
1951-D	20,460,000					
1951-S	7,776,000					
1952	63,988,000	81,980				
1952-D	30,638,000					
1952-S	20,572,000					
1953	26,644,000	128,800				
1953-D	59,878,600					
1953-S	19,210,900					
1954	47,684,050	233,300				
1954-D	117,136,560					
1954-S	29,384,000					
1954-S/D						
1955	7,888,000	378,200				
1955-D	74,464,100					
1955-D/S Variety 1						
1956	35,216,000	669,384				
1956-D	67,222,640					
1957	38,408,000	1,247,952				
1957-D	136,828,900					
1958	17,088,000	875,652				
1958-D	168,249,120					
1959	27,248,000	1,149,291				
1959-D	160,738,240					
1960	55,416,000	1,691,602				
1960-D	192,582,180					
1961	73,640,000	3,028,244				
1961-D	229,342,760					
1962	97,384,000	3,218,019				
1962-D	280,195,720					
1963	175,776,000	3,075,645				
1963-D	276,829,460					
1964	1,024,672,000	3,950,762				
1964-D	1,787,297,160					
1965 (P)	12,440,000					
1965 (D)	82,291,380					
1965 (S)	39,040,000					
1966 (D)	103,546,700					
1966 (S)	50,400,000					
1967 (D)	75,993,800					
1967 (S)	31,332,000					
1968-D	91,227,880					
1968-S	100,396,004	3,041,506				
1969-D	202,807,500					
1969-S	120,165,000	2,934,631				
1970-D	515,485,380					
1970-S	238,832,004	2,632,810				
1971	106,884,000					
1971-D	316,144,800					
1971-S		3,220,733				
1972	202,036,000					
1972-D	351,694,600					
1972-S		3,260,996				

	Business	Proof	Grade	Date Purchased	Amount Paid	Notes
1973	384,396,000					
1973-D	261,405,400					
1973-S		2,760,339				
1974	601,752,000					
1974-D	277,373,000					
1974-S		2,612,568				
1975	181,772,000					
1975-D	401,875,300					
1975 S		2,845,450				
1976	367,124,000					
1976-D	563,964,147					
1976-S						
1977	585,376,000					
1977-D	297,313,422					
1977-S		3,236,798				
1978	391,308,000					
1978-D	313,092,780					
1978-S		3,120,285				
1979	463,188,000					
1979-D	325,867,672					
1979-S Filled S		3677,175				
1979-S Clear S						
1980-P	593,004,000					
1980-D	502,323,448					
1980-S		3,554,806				
1981-P	657,504,000					
1981-D	364,801,843					
1981-S Filled S		4,063,083				
1981-S Clear S						
1982-P	292,355,000					
1982-D	373,726,544					
1982-S		3,857,479				
1983-P	561,615,000					
1983-D	536,726,276					
1983-S		3,279,126				
1984-P	746,769,000					
1984-D	517,675,146					
1984-S		3,065,110				
1985-P	647,114,962					
1985-D	459,747,446					
1985-S		3,362821				
1986-P	536,883,493					
1986-D	361,819,144					
1986-S		3,010,497				
1987-P	371,499,481					
1987-D	410,590,604					
1897-S		3,792,233				
1988-P	771,360,000					
1988-D	663,771,652					
1988-S		3,262,948				
1989-P	898,812,000					
1989-D	570,842,474					
1989-S		3,220,914				
1990-P	661,636,000					
1990-D	663,938,503					
1990-S		3,299,559				

	Business	Proof	Grade	Date Purchased	Amount Paid	Notes
1991-P	614,104,000					
1991-D	436,496,678					
1991-S		2,867,787				
1992-P	399,552,000					
1992-D	450,565,113					
1992-S		4,176,544				
1993-P	412,076,000					
1993-D	406,084,135					
1993-S		3,360,876				
1994-P	722,160,000					
1994 D	715,762,110					
1994-S		3,222,140				
1995-P	774,156,000					
1995-D	888,112,000					
1995-S		2,791,067				
1996-P	829,332,000					
1996-D	817,736,000					
1996S		2,920,158				
1997-P	470,972,000					
1997-D	466,640,000					
1997-S		2,796,194				
1998-P						
1998-D						
1998-S						
1999-P						
1999-D						
1999 S						
2000-P						
2000-D						
2000-S						
2001-P						
2001-D						
2001-S						
2002-P						
2002-D						
2002-S						
2003-P						
2003-D						
2003-S						
2004-P						
2004-D						
2004-S						
2005-P						
2005-D						
2005-S						
2006-P						
2006-D						
2006-S						
2007-P						
2007-D						
2007-S						
2008-P						
2008-D						
2008-S						

Three cents

Silver three cents

	Business	Proof	Grade	Date Purchased	Amount Paid	Notes
1851 1 Outline of Star	5,447,400	*				
1851-O	720,000					
1852	18,663,500					
1853	11,400,000					
1854 3 Outines of Star	671,000	*				
1855	139,000					
1856	1,458,000	*				
1857	1,042,000	*				
1858	1,604,000	*				
1859 2 Outlines of Star	365,000	*				
1860	286,000	1,000				
1861	497,000	1,000				
1862	343,000	550				
1862/1						
1863	21,000	460				
1863/2						
1864	12,000	470				
1865	8,000	500				
1866	22,000	725				
1867	4,000	625				
1868	3,500	600				
1869	4,500	600				
1869/8						
1870	3,000	1,000				
1871	3,400	960				
1872	1,000	950				
1873 Closed 3		600				

Half dime

Flowing Hair half dime

	Business	Proof	Grade	Date Purchased	Amount Paid	Notes
1792 HALF DISME						
1794	7,756					
1795	78,660					

Draped Bust, Small Eagle half dime

	Business	Proof	Grade	Date Purchased	Amount Paid	Notes
1796	10,230					
1796/5						
1796 LIBERTY						
1797 15 Stars	44,527					
1797 16 Stars						
1797 13 Stars						

Draped Bust, Heraldic Eagle half dime

	Business	Proof	Grade	Date Purchased	Amount Paid	Notes
1800 Heraldic Eagle	40,000					
1800 LIBEKTY						
1801	33,910					
1802	13,010					
1803	37,850					
1805	15,600					

Capped Bust half dime

	Business	Proof	Grade	Date Purchased	Amount Paid	Notes
1829	1,230,000	*				
1830	1,240,000	*				
1831	1,242,700	*				
1832	965,000	*				
1833	1,370,000	*				
1834	1,480,000	*				
1835	2,760,000	*				
1836	1,900,000	*				
1837 Small 5c	871,000	*				
1837 Large 5c		*				

Seated Liberty half dime

	Business	Proof	Grade	Date Purchased	Amount Paid	Notes
1837	1,405,000					
1837 Small Date						
1838 Stars, No Drapery	2,255,000	*				
1838 Small Stars		*				
1838-O No Stars	115,000					
1839 No Drapery	1069,150	*				
1839-O No Drapery	981,550					
1839-O Large-O						
1840 No Drapery	1,344,085	*				
1840 Drapery		*				
1840-O No Drapery	935,000					
1840-O Drapery						
1841	1,150,000	*				
1841-O	815,000					
1842	815,000	*				
1842-O	350,000					
1843	1,165,000	*				
1844	430,000	*				
1844-O	220,000					
1845	1,564,000	*				
1846	27,000	*				
1847	1,274,000	*				
1848	668,000	*				
1848 Large Date		*				
1848-O	600,000					
1849	1,309,000	*				
1849-O	140,000					
1850	955,000	*				
1850-O	690,000					
1851	781,000	*				
1851-O	860,000					
1852	1,000,500	*				
1852-O	260,000					
1853 No Arrows	135,000					
1853 Arrows	13,210,020	*				
1853-O Arrows	2,200,000					
1853-O No Arrows	160,000					
1854 Arrows	5,740,000	*				
1854-O Arrows	1,560,000					
1855 Arrows	1,750,000	*				
1855-O Arrows	600,000					
1856 No Arrows	4,880,000	*				
1856-O No Arrows	1,100,000					
1857	7,280,000	*				
1857-O	1,380,000					
1858	3,500,000	*				
1858 Inverted Date		*				

	Business	Proof	Grade	Date Purchased	Amount Paid	Notes
1858/1858		*				
1858-O	1,660,000					
1859	340,000	*				
1859-O	560,000					
1860 Obverse Legend	798,000	1,000				
1860 Transitional						
1860-O	1,060,000	*				
1861	3,360,000	1,000				
1862	1,492,000	550				
1863	18,000	460				
1863-S	100,000					
1864	48,000	470				
1864-S	90,000					
1865	13,000	500				
1865-S	120,000					
1866	10,000	725				
1866-S	120,000					
1867	8,000	625				
1867-S	120,000					
1868	88,600	600				
1868-S	280,000					
1869	208,000	600				
1869-S	230,000					
1870	535,600	1,000				
1871	1,873,000	960				
1871-S	161,000					
1872	2,947,000	950				
1872-S S in Wreath	837,000					
1872-S S Below Wreath						
1873	712,000	600				
1873-S	324,000					

Dime

Draped Bust, Small Eagle dime

	Business	Proof	Grade	Date Purchased	Amount Paid	Notes
1796	22,135					
1797 16 Stars	25,261					
1797 13 Stars						

Draped Bust, Heraldic Eagle dime

	Business	Proof	Grade	Date Purchased	Amount Paid	Notes
1798	27,550					
1798/97						
1798/97 13 Stars						
1798 Small 8						
1800	21,760					
1801	34,640					
1802	10,975					
1803	33,040					
1804	8,265					
1805	120,780					
1805 5 Berries						
1807	165,000					

Capped Bust dime

	Business	Proof	Grade	Date Purchased	Amount Paid	Notes
1809	51,065					
1811/9	65,180					
1814 Small Date	421,500					
1814 Large Date						
1814 STATESOFAMERICA						
1820 Large O	942,587	*				
1820 Small O		*				
1820 STATESOFAMERICA		*				
1821 Small Date	1,186,512	*				
1821 Large Date		*				
1822	100,000	*				
1823/2	440,000	*				
1824/2	100,000	*				
1825	410,000	*				
1827	1,215,000	*				
1828 Large Date	125,000	*				
1828 Small Date		*				
1829 Curl Base 2	770,000	*				
1829 Small 10c		*				
1829 Large 10c		*				
1830	510,000	*				
1830/29		*				
1831	771,350	*				

	Business	Proof	Grade	Date Purchased	Amount Paid	Notes
1832	522,500	*				
1833	485,000	*				
1834	635,000	*				
1835	1,410,000	*				
1836	1,190,000	*				
1837	359,500	*				

Seated Liberty dime

	Business	Proof	Grade	Date Purchased	Amount Paid	Notes
1837 No Stars	682,500					
1838 Small Stars	1,992,500	*				
1838 Large Stars		*				
1838 Partial Drapery		*				
1838-O No Stars	406,034					
1839	1,053,115	*				
1839-O Reverse of 1838	1,323,000					
1839-O						
1840 No Drapery	1,358,580	*				
1840 Drapery		*				
1840-O No Drapery	1,175,000					
1841	1,622,500	*				
1841-O	2,007,500					
1842	1,887,500	*				
1842-O	2,020,000					
1843	1,370,000	*				
1843-O	50,000					
1844	72,500	*				
1845	1,755,000	*				
1845/1845		*				
1845-O	230,000					
1846	31,300	*				
1847	245,000	*				
1848	451,500	*				
1849	839,000	*				
1849-O	300,000					
1850	1,931,500	*				
1850-O	510,000					
1851	1,026,500	*				
1851-O	400,000					
1852	1,535,500	*				
1852-O	430,000					
1853 No Arrows	95,000					
1853 With Arrows	12,078,010	*				
1853-O With Arrows	1,100,000					
1854 With Arrows	4,470,000	*				
1854-O With Arrows	1,770,000					
1855 With Arrows	2,075,000	*				

	Business	Proof	Grade	Date Purchased	Amount Paid	Notes
1856 Small Date, No Arrows						
	5,780,000	*				
1856 Large Date		*				
1856-S	70,000					
1856-O	1,180,000					
1857	5,580,000	*				
1857-O	1,540,000					
1858	1,540,000					
1858-S	60,000					
1858-O	290,000	*				
1859	430,000	*				
1859-S	60,000					
1859-O	480,000					
1860 Obverse Legend	606,000	1,000				
1860-S	140,000					
1860-O	40,000					
1861	1,883,000	1,000				
1861-S	172,500					
1862	847,000	550				
1862-S	180,750					
1863	14,000	460				
1863-S	157,500					
1864	11,000	470				
1864-S	230,000					
1865	10,000	500				
1865-S	175,000					
1866	8,000	725				
1866-S	135,000					
1867	6,000	625				
1867-S	140,000					
1868	464,000	600				
1868-S	260,000					
1869	256,000	600				
1869-S	450,000					
1870	470,500	1,000				
1870-S	50,000					
1871	906,750	960				
1871-S	320,000					
1871-CC	20,100					
1872	2,395,500	950				
1872-S	190,000					
1872-CC	35,480					
1873 Closed 3	2,377,700	800				
1873 No Arrows	1,568,000	600				
1873 Open 3		800				
1873 Arrows		800				
1873-S With Arrows	455,000					
1873-CC With Arrows	18,791					
1873-CC No Arrows	12,400					
1874 Arrows	2,940,000	700				
1874-S Arrows	240,000					
1874-CC Arrows	10,817					
1875 No Arrows	10,350,000	700				
1875-S S Below Wreath	9,070,000					
1875-S S In Wreath						
1875-CC CC Below Wreath	4,645,000					

	Business	Proof	Grade	Date Purchased	Amount Paid	Notes
1875-CC CC In Wreath						
1876	11,460,000	1,150				
1876-S	10,420,000					
1875-CC	8,270,000					
1877	7,310,000	510				
1877-S	2,340,000					
1877-CC	7,700,000					
1878	1,678,000	880				
1878-CC	200,000					
1879	14,000	1,100				
1880	36,000	1,355				
1881	24,000	975				
1882	3,910,000	1,100				
1883	7,674,673	1,039				
1884	3,365,505	875				
1884-S	564,969					
1885	2,532,497	930				
1885-S	43,690					
1886	6,376,684	886				
1886-S	206,524					
1887	11,283,229	710				
1887-S	4,454,450					
1888	5,495,655	832				
1888-S	1,720,000					
1889	7,380,000	711				
1889-S	972,678					
1890	9,910,951	590				
1890-S	1,423,076					
1891	15,310,000	600				
1891-S	3,196,116					
1891-O	4,540,000					
1891-O/Horizontal O						

Barber dime

	Business	Proof	Grade	Date Purchased	Amount Paid	Notes
1892	12,120,000	1,245				
1892-S	990,710					
1892-O	3,841,700					

	Business	Proof	Grade	Date Purchased	Amount Paid	Notes
1893	3,340,000	792				
1893-S	2,491,401					
1893-O	1,760,000					
1894	1,330,000	972				
1894-S						
1894-O	720,000					
1895	690,000	880				
1895-S	1,120,000					
1895-O	440,000					
1896	2,000,000	762				
1896-S	575,056					
1896-O	610,000					
1897	10,868,533	731				
1897-S	1,342,844					
1897-O	666,000					
1898	16,320,000	735				
1898-S	1,702,507					
1898-O	2,130,000					
1899	19,580,000	846				
1899-S	1,867,493					
1899-O	2,650,000					
1900	17,600,000	912				
1900-S	5,168,270					
1900-O	2,010,000					
1901	18,859,665	813				
1901-S	593,022					
1901-O	5,620,000					
1902	21,380,000	777				
1902-S	2,070,000					
1902-O	4,500,000					
1903	19,500,000	755				
1903-S	613,300					
1903-O	8,180,000					
1904	14,600,357	670				
1904-S	800,000					
1905	14,551,623	727				
1905-S	6,855,199					
1905-O	3,400,000					
1906	19,957,731	675				
1906 D	4,060,000	*				
1906-S	3,136,640					
1906-O	2,610,000					
1907	22,220,000	575				
1907-D	4,080,000					
1907-S	3,178,470					
1907-O	5,058,000					
1908	10,600,000	545				
1908-D	7,490,000					
1908-S	3,220,000					
1908-O	1,789,000					
1909	10,240,000	650				
1909-D	954,000					
1909-S	1,000,000					
1909-O	2,287,000					
1910	11,520,000	551				

	Business	Proof	Grade	Date Purchased	Amount Paid	Notes
1910-D	3,490,000					
1910-S	1,240,000					
1911	18,870,000	543				
1911-D	11,209,000					
1911-S	3,520,000					
1912	19,350,000	700				
1912-D	11,760,000					
1912-S	3,420,000					
1913	19,760,000	622				
1913-S	510,000					
1914	17,360,230					
1914-D	11,908,000	425				
1914-S	2,100,000					
1915	5,620,000	450				
1915-S	960,000					
1916	18,490,000	*				
1916-S	5,820,000					

Winged Liberty Head dime

	Business	Proof	Grade	Date Purchased	Amount Paid	Notes
1916	22,180,080					
1916-D	264,000					
1916-S	10,450,000					
1917	55,230,000					
1917-D	9,402,000					
1917-S	27,330,000					
1918	26,680,000					
1918-D	22,674,800					
1918-S	19,300,000					
1919	35,740,000					
1919-D	9,939,000					
1919-S	8,850,000					
1920	59,030,000					
1920-D	19,171,000					
1920-S	13,820,000					
1921	1,230,000					
1921-D	1,080,000					
1923	50,130,000					
1923 S	6,440,000					
1924	24,010,000					
1924-D	6,810,000					
1924-S	7,120,000					
1925	25,610,000					
1925-D	5,117,000					

	Business	Proof	Grade	Date Purchased	Amount Paid	Notes
1925-S	5,850,000					
1926	32,160,000					
1926-D	6,828,000					
1926-S	1,520,000					
1927	28,080,000					
1927-D	4,812,000					
1927-S	4,770,000					
1928	19,480,000					
1928-D	4,161,000					
1928-S	7,400,000					
1929	25,970,000					
1929-D	5,034,000					
1929-S	4,730,000					
1930	6,770,000					
1930-S	1,843,000					
1931	3,150,000					
1931-D	1,260,000					
1931-S	1,800,000					
1934	24,080,000					
1934-D	6,772,000					
1935	58,830,000					
1935-D	10,477,000					
1935-S	15,840,000					
1936	87,500,000	4,130				
1936-D	16,132,000					
1936-S	9,210,000					
1937	56,860,000	5,756				
1937-D	14,146,000					
1937-S	9,740,000					
1938	22,190,000	8,728				
1938-D	5,537,000					
1938-S	8,090,000					
1939	67,740,000	9,321				
1939-D	24,394,000					
1939-S	10,540,000					
1940	65,350,000	11,827				
1940-D	21,198,000					
1940-S	21,560,000					
1941	175,090,000	16,557				
1941-D	45,634,000					
1941-S	43,090,000					
1942	205,410,000	22,329				
1942/1						
1942-D	60,740,000					
1942/1-D						
1942-S	49,300,000					
1943	191,710,000					
1943-D	71,949,000					
1943-S	60,400,000					
1944	231,410,000					
1944-D	62,224,000					
1944-S	49,490,000					
1945	159,130,000					
1945-D	40,245,000					
1945-S	41,920,000					
1945-S Micro S						

Roosevelt dime

	Business	Proof	Grade	Date Purchased	Amount Paid	Notes
1946	255,250,000					
1946-D	61,043,500					
1946-S	27,900,000					
1947	121,520,000					
1947-D	46,835,000					
1947-S	34,840,000					
1948	74,950,000					
1948-D	52,841,000					
1948-S	35,520,000					
1949	30,940,000					
1949-D	26,034,000					
1949-S	13,510,000					
1950	50,130,114	51,386				
1950-D	46,803,000					
1950-S	20,440,000					
1951	102,880,102	57,500				
1951-D	56,529,000					
1951-S	31,630,000					
1952	99,040,093	81,980				
1952-D	122,100,000					
1952-S	44,419,500					
1953	53,490,120	128,800				
1953-D	136,433,000					
1953-S	39,180,000					
1954	114,010,203	233,300				
1954-D	106,397,000					
1954-S	22,860,000					
1955	12,450,181	378,200				
1955-D	13,959,000					
1955-S	18,510,000					
1956	108,640,000	669,384				
1956-D	108,015,100					
1957	160,160,000	1,247,952				
1957-D	113,354,330					
1958	31,910,000	875,652				
1958-D	136,564,600					
1959	85,780,000	1,149,291				
1959-D	164,919,790					
1960	70,390,000	1,691,602				
1960-D	200,160,400					
1961	93,730,000	3,028,244				
1961-D	209,146,550					
1962	72,450,000	3,218,019				
1962-D	334,948,380					
1963	123,650,000	3,075,645				
1963-D	421,276,530					

	Business	Proof	Grade	Date Purchased	Amount Paid	Notes
1964	929,360,000	3,950,762				
1964-D	1,357,517,180					
1965 (P)	845,130,000					
1965 (D)	757,472,820					
1965 (S)	47,177,750					
1966 (P)	622,550,000					
1966 (D)	683,771,010					
1966 (S)	74,151,947					
1967 (P)	1,030,110,000					
1967 (D)	1,156,277,320					
1967 (S)	57,620,000					
1968	424,470,400					
1968-D	480,748,280					
1968-S		3,041,506				
1969	145,790,000					
1969-D	563,323,870					
1969-S	2,934,631					
1970	345,570,000					
1970-D	754,942,100					
1970-S		2,632,810				
1971	162,690,000					
1971-D	377,914,240					
1971-S		3,220,733				
1972	431,540,000					
1972-D	330,290,000					
1972-S		3,260,996				
1973	315,670,000					
1973-D	455,032,426					
1973-S		2,760,339				
1974	470,248,000					
1974-D	571,083,000					
1974-S		2,612,568				
1975 (P)	513,682,000					
1975-D	313,705,300					
1975 (S)	71,991,900	2,845,450				
1976	568,760,000					
1976-D	695,222,774					
1976-S		4,123,056				
1977	796,930,000					
1977-D	376,607,228					
1977-S		3,236,798				
1978	663,980,000					
1978-D	282,847,540					
1978-S		3,120,285				
1979	315,440,000					
1979-D	390,921,184					
1979-S		3,677,175				
1980-P	735,170,000					
1980-D	719,354,321					
1980-S		3,554,806				
1981-P	676,650,000					
1981-D	712,284,143					
1981-S		4,063,083				
1982-P	519,475,000					
1982 (P) No Mint mark,-Strong-Strike						

	Business	Proof	Grade	Date Purchased	Amount Paid	Notes
1982-D	542,713,584					
1982-S		3,857,479				
1983-P	647,025,000					
1983-D	730,129,224					
1983-S		3,279,126				
1984-P	856,669,000					
1984-D	704,803,976					
1984-S		3,065,110				
1985-P	705,200,962					
1985-D	587,979,970					
1985-S		3,362,821				
1986-P	682,649,693					
1986-D	473,326,974					
1986-S		3,010,497				
1987-P	762,709,481					
1987-D	653,203,402					
1987-S		3,792,233				
1988-P	1,030,550,000					
1988-D	962,385,488					
1988-S		3,262,948				
1989-P	1,298,400,000					
1989-D	896,535,597					
1989-S		3,220,914				
1990 (P)	1,034,340,000					
1990-D	839,995,824					
1990-S		3,299,559				
1991-P	927,220,000					
1991-D	601,241,114					
1991-S		2,867,787				
1992-P	593,500,000					
1992-D	616,273,932					
1992-S clad		2,858,903				
1992-S 90% Silver		1,317,641				
1993-P	766,180,000					
1993-D	750,110,166					
1993-S clad		2,569,882				
1993-S 90% Silver		790,994				
1994-P	1,189,000,000					
1994-D	1,303,268,110					
1994-S clad		2,443,590				
1994-S 90% Silver		778,550				
1995-P	1,125,500,000					
1995-D	1,274,890,000					
1995-S clad		2,124,790				
1995-S 90% Silver		666,277				
1996-P	1,421,630,000					
1996-D	1,400,300,000					
1996-S clad		2,145,077				
1996-S 90% Silver		775,081				
1996-W Unc.		1,450,440				
1997-P	991,640,000					
1997-D	979,810,000					
1997-S clad		2,055,000				
1997-S 90% Silver		741,194				
1998-P						

	Business	Proof	Grade	Date Purchased	Amount Paid	Notes
1998-D						
1998-S						
1999-P						
1999-D						
1999-S						
2000-P						
2000-D						
2000-S						
2001-P						
2001-D						
2001-S						
2002-P						
2002-D						
2002-S						
2003-P						
2003-D						
2003-S						
2004-P						
2004-D						
2004-S						
2005-P						
2005-D						
2005-S						
2006-P						
2006-D						
2006-S						
2007-P						
2007-D						
2007-S						
2008-P						
2008-D						
2008-S						

Twenty cents

Seated Liberty twenty cents

	Business	Proof	Grade	Date Purchased	Amount Paid	Notes
1875	38,500	1,200				
1875-S	1,155,000	*				
1875-CC	133,290					
1876	14,750	1,150				
1876-CC	10,000					
1877		510				
1878		600				

Quarter dollar

Draped Bust, Small Eagle quarter dollar

	Business	Proof	Grade	Date Purchased	Amount Paid	Notes
1796 Small Eagle	6,146					

Draped Bust, Heraldic Eagle quarter dollar

	Business	Proof	Grade	Date Purchased	Amount Paid	Notes
1804 Heraldic Eagle	6,738					
1805	121,394					
1806	286,424					
1806/5						
1807	140,343					

Capped Bust quarter dollar

	Business	Proof	Grade	Date Purchased	Amount Paid	Notes
1815	89,235					
1818	361,174	*				
1818/5		*				
1819	144,000					
1820 Small 0	127,444	*				
1820 Large 0		*				
1821	216,851	*				
1822	64,080	*				
1822 25/50c		*				
1823/2	17,800	*				
1824/2	24,000	*				
1825	148,000	*				
1825/2		*				
1825/4		*				
1827		(R)				
1828	102,000	*				
1828 25/50c		*				
1831 No Motto	398,000	*				
1832	320,000	*				
1833	156,000	*				
1834	286,000	*				
1835	1,952,000	*				
1836	472,000	*				
1837	252,400	*				
1838	366,000	*				

Seated Liberty quarter dollar

	Business	Proof	Grade	Date Purchased	Amount Paid	Notes
1838 No Drapery	466,000					
1839 No Drapery	491,146	*				
1840 Drapery	188,127	*				
1840-O No Drapery	425,200					
1840-O Drapery						
1841	120,000	*				
1841-O	452,000					
1842 Large Date	88,000	*				
1842 Small Date, Proofs Only		*				
1842-O Large Date	769,000					
1842-O Small Date						
1843	645,600	*				
1843-O Small 0	968,000					
1843-O Large 0						
1844	421,200	*				
1844-O	740,000					
1845	922,000	*				
1845/5		*				

	Business	Proof	Grade	Date Purchased	Amount Paid	Notes
1846	510,000	*				
1846/1846		*				
1847	734,000	*				
1847-O	368,000					
1847/7		*				
1848	146,000	*				
1848/1848		*				
1849	340,000	*				
1849-O	16,000					
1850	190,800	*				
1850-O	396,000					
1851	160,000	*				
1851-O	88,000					
1852	177,060	*				
1852-O	96,000					
1853/53 Recut Date, No Arrows & Rays						
	44,200					
1853 With Arrows & Rays						
	15,210,020	*				
1853-O Arrows & Rays	1,332,000					
1853/4 With Arrows & Rays		*				
1854 Arrows	12,380,000	*				
1854-O Arrows	1,484,000					
1854-O Huge O						
1855 Arrows	2,857,000	*				
1855-S Arrows	396,400	*				
1855-O Arrows	176,000					
1856 No Arrows	7,264,000	*				
1856-S	286,000					
1856-S/Small-S						
1856-O	968,000					
1857	9,644,000	*				
1857-S	82,000					
1857-O	1,180,000					
1858	7,368,000	*				
1858-S	121,000					
1858-O	520,000					
1859	1,344,000	*				
1859-S	80,000					
1859-O	260,000					
1860	804,400	1,000				
1860-S	56,000					
1860-O	388,000					
1861	4,853,600	1,000				
1861-S	96,000					
1862	932,000	550				
1862-S	67,000					
1863	191,600	460				
1864	93,600	470				
1864-S	20,000					
1865	58,800	500				
1865-S	41,000					
1866 Motto	16,800	725				
1866-S	28,000					
1867	20,000	625				

	Business	Proof	Grade	Date Purchased	Amount Paid	Notes
1867-S	48,000					
1868	29,400	600				
1868-S	96,000					
1869	16,000	600				
1869-S	76,000					
1870	86,400	1,000				
1870-CC	8,340					
1871	118,200	960				
1871-S	30,900					
1871-CC	10,890					
1872	182,000	950				
1872-S	83,000					
1872-CC	22,850					
1873 Closed 3, No Arrows	212,000	600				
1873 With Arrows	1,271,160	540				
1873 Open 3, No Arrows						
1873-S With Arrows	156,000					
1873-CC No Arrows	4,000					
1873-CC With Arrows	12,462					
1874 Arrows	471,200	700				
1874-S Arrows	392,000					
1875	4,292,800	700				
1875-S	680,000					
1875-CC	140,000					
1876	17,816,000	1,150				
1876-S	8,596,000					
1876-CC	4,944,000					
1877	10,911,200	510				
1877-S	8,996,000					
1877-S Horizontal S						
1877-CC	4,192,000					
1878	2,260,000	800				
1878-S	140,000					
1878-CC	996,000					
1879	14,450	250				
1880	13,600	1,355				
1881	12,000	975				
1882	15,200	1,100				
1883	14,400	1,039				
1884	8,000	875				
1885	13,600	930				
1886	5,000	886				
1887	10,000	710				
1888	10,001	832				
1888-S	1,216,000					
1889	12,000	711				
1890	80,000	590				
1891	3,920,000	600				
1881-S	2,216,000					
1891-O	68,000	*				

Barber quarter dollar

	Business	Proof	Grade	Date Purchased	Amount Paid	Notes
1892	8,236,000	1,245				
1892-S	964,079					
1892-O	2,640,000					
1893	5,444,023	792				
1893-S	1,454,535					
1893-O	3,396,000					
1894	3,432,000	972				
1894-S	2,648,821					
1894-O	2,852,000					
1895	4,440,000	880				
1895-S	1,764,681					
1895-O	2,816,000					
1896	3,874,000	762				
1896-S	188,039					
1896-O	1,484,000					
1897	8,140,000	731				
1897-S	542,229					
1897-O	1,414,800					
1898	11,100,000	735				
1898-S	1,020,592					
1898-O	1,868,000					
1899	12,624,000	846				
1899-S	708,000					
1899-O	2,644,000					
1900	10,016,000	912				
1900-S	1,858,585					
1900-O	3,416,000					
1901	8,892,000	813				
1901-S	72,664					
1901-O	1,612,000					
1902	12,196,967	777				
1902-S	1,524,612					
1902-O	4,748,000					
1903	9,669,309	755				
1903-S	1,036,000					
1903-O	3,500,000					
1904	9,588,143	670				
1904-O	2,456,000					
1905	4,967,523	727				
1905-S	1,884,000					
1905-O	1,230,000					
1906	3,655,760	675				
1906-D	3,280,000					
1906-O	2,056,000					
1907	7,192,000	575				

	Business	Proof	Grade	Date Purchased	Amount Paid	Notes
1907-D	2,484,000					
1907-S	1,360,000					
1907-O	4,560,000					
1908	4,232,000	545				
1908-D	5,788,000					
1908-S	784,000					
1908-O	6,244,000					
1909	9,268,000	650				
1909-D	5,114,000					
1909-S	1,348,000					
1909-O	712,000					
1910	2,244,000	551				
1910-D	1,500,000					
1911	3,720,000	543				
1911-D	933,600					
1911-S	988,000					
1912	4,400,000	700				
1912-S	708,000					
1913	484,000	613				
1913-D	1,450,800					
1913-S	40,000					
1914	6,244,230	380				
1914-D	3,046,000					
1914-S	264,000					
1915	3,480,000	450				
1915-D	3,694,000					
1915-S	704,000					
1916	1,788,000					
1916-D	6,540,800					

Standing Liberty quarter dollar

	Business	Proof	Grade	Date Purchased	Amount Paid	Notes
1916	52,000					
1917 Bare Breast	8,740,000	*				
1917 Mailed Breast	13,880,000					
1917-D Mailed Breast	6,224,400					
1917-D Bare Breast	1,509,200					
1917-S Mailed Breast	5,552,000					
1917-S Bare Breast	1,952,000					
1918	14,240,000					
1918-D	7,380,000					
1918-S	11,072,000					
1918/7-S						
1919	11,324,000					
1919-D	1,944,000					

	Business	Proof	Grade	Date Purchased	Amount Paid	Notes
1919-S	1,836,000					
1920	27,860,000					
1920-D	3,586,400					
1920-S	6,380,000					
1921	1,916,000					
1923	9,716,000					
1923-S	1,360,000					
1924	10,920,000					
1924-D	3,112,000					
1924-S	2,860,000					
1925	12,280,000					
1926	11,316,000					
1926-D	1,716,000					
1926-S	2,700,000					
1927	11,912,000					
1927-D	976,400					
1927-S	396,000					
1928	6,336,000					
1928-D	1,627,600					
1928-S	2,644,000					
1929	11,140,000					
1929-D	1,358,000					
1929-S	1,764,000					
1930	5,632,000					
1930-S	1,556,000					

Washington quarter dollar

	Business	Proof	Grade	Date Purchased	Amount Paid	Notes
1932	5,404,000					
1932-D	436,800					
1932-S	408,000					
1934	31,912,052					
1934 Light Motto						
1934 Doubled-Die						
1934-D	3,527,200					
1935	32,484,000					
1935-D	5,780,000					
1935-S	5,660,000					
1936	41,300,000	3,837				
1936-D	5,374,000					
1936-S	3,828,000					
1937	19,696,000	5,542				
1937-D	7,189,600					
1937-S	1,652,000					
1938	9,472,000	8,045				

	Business	Proof	Grade	Date Purchased	Amount Paid	Notes
1938-S	2,832,000					
1939	33,540,000	8,795				
1939-D	7,092,000					
1939-S	2,628,000					
1940	35,704,000	11,246				
1940-D	2,797,600					
1940-S	8,244,000					
1941	79,032,000	15,287				
1941D	16,714,800					
1941-S	16,080,000					
1942	102,096,000	21,123				
1942-D	17,487,200					
1942-S	19,384,000					
1943	99,700,000					
1943-D	16,095,600					
1943-S	21,700,000					
1943-S Doubled-Die						
1944	104,956,000					
1944-D	14,600,800					
1944-S	12,560,000					
1945	74,372,000					
1945-D	12,341,600					
1945-S	17,004,001					
1946	53,436,000					
1946-D	9,072,800					
1946-S	4,204,000					
1947	22,556,000					
1947-D	15,338,400					
1947-S	5,532,000					
1948	35,196,000					
1948-D	16,766,800					
1948-S	15,960,000					
1949	9,312,000					
1949-D	10,068,400					
1950	24,920,126	51,386				
1950-D	21,075,600					
1950-D/S						
1950-S	10,284,004					
1950-S /D						
1951	43,448,102	57,500				
1951-D	35,354,800					
1951-S	9,048,000					
1952	38,780,093	81,980				
1952-D	49,795,200					
1952-S	13,707,800					
1953	18,536,120	128,800				
1953-D	56,112,400					
1953-S	14,016,000					
1954	54,412,203	233,300				
1954-D	42,305,500					
1954-S	11,834,722					
1955	18,180,181	378,200				
1955-D	3,182,400					
1956	44,144,000	669,384				
1956-D	32,334,500					
1957	46,532,000	1,247,952				

	Business	Proof	Grade	Date Purchased	Amount Paid	Notes
1957-D	77,924,160					
1958	6,360,000	875,652				
1958-D	78,124,900					
1959	24,384,000	1,149,291				
1959-D	62,054,232					
1960	29,164,000	1,691,602				
1960-D	63,000,324					
1961	37,036,000	3,028,244				
1961-D	83,656,928					
1962	36,156,000	3,218,019				
1962-D	127,554,756					
1963	74,316,000	3,075,645				
1963-D	135,288,184					
1964	560,390,585	3,950,762				
1964-D	704,135,528					
1965 (P)	1,082,216,000					
1965 (D)	673,305,540					
1965 (S)	61,836,000					
1966 (P)	404,416,000					
1966 (D)	367,490,400					
1966 (S)	46,933,517					
1967 (P)	873,524,000					
1967 (D)	632,767,848					
1967 (S)	17,740,000					
1968	220,731,500					
1968-D	101,534,000					
1968-S		3,041,506				
1969	176,212,000					
1969-D	114,372,000					
1969-S		2,934,631				
1970	136,420,000					
1970-D	417,341,364					
1970-S		2,632,810				
1971	109,284,000					
1971-D	258,634,428					
1971-S		3,220,733				
1972	215,048,000					
1972-D	311,067,732					
1972-S		3,260,996				
1973	346,924,000					
1973-D	232,977,400					
1973-S		2,760,339				
1972 (P)	801,456,000					
1974-D	353,160,300					
1974-S		2,612,568				

Bicentennial type quarter dollar

	Business	Proof	Grade	Date Purchased	Amount Paid	Notes
1976 (P)	809,408,016					
1976-D	860,118,839					
1976-S		6,968,506				
1976-S 40% silver		3,998,621				
1976 (W)	376,000					

Normal type quarter dollar

	Business	Proof	Grade	Date Purchased	Amount Paid	Notes
1977 (P)	461,204,000					
1977-D	256,524,978					
1977-S		3,236,798				
1977 (W)	7,352,000					
1978 (P)	500,652,000					
1978-D	287,373,152					
1978-S		3,120,285				
1978 (W)	20,800,000					
1979 (P)	493,036,000					
1979-D	489,789,780					
1979 Filled S		3,677,175				
1979 Clear S						
1979 (W)	22,672,000					
1980-P	635,832,000					
1980-D	518,327,487					
1980-S		3,554,806				
1981-P	601,716,000					
1981-D	575,722,833					
1981-S		4,063,083				
1982-P	500,931,000					
1982-D	480,042,788					
1982-S		3,857,479				
1983-P	673,535,000					
1983-D	617,806,446					
1983-S		3,279,126				
1984-P	676,545,000					
1984-D	546,483,064					
1984-S		3,065,110				
1985-P	775,818,962					
1985-D	519,962,888					
1985-S		3,362,821				
1986-P	551,199,333					
1986-D	504,298,660					
1986-S		3,010,497				
1987-P	582,499,481					
1987-D	655,595,696					

	Business	Proof	Grade	Date Purchased	Amount Paid	Notes
1987-S		3,792,233				
1988-P	562,052,000					
1988-D	596,810,688					
1988-S		3,262,948				
1989-P	512,868,000					
1989-D	896,733,858					
1989-S		3,220,914				
1990-P	613,792,000					
1990-D	927,638,181					
1990-S		3,299,559				
1991-P	570,960,000					
1991-D	630,966,693					
1991-S		2,867,787				
1992-P	384,764,000					
1992-D	389,777,107					
1992-S clad		2,858,903				
1992-S 90% Silver		1,317,641				
1993-P	639,276,000					
1993-D	645,476,128					
1993-S clad		2,569,882				
1993-S 90% Silver		790,994				
1994-P	825,600,000					
1994-D	880,034,110					
1994-S clad		2,443,590				
1994-S 90% Silver		778,550				
1995-P	1,004,336,000					
1995-D	1,103,216,000					
1995-S clad	2,124,790					
1995-S 90% Silver	666,277					
1996-P	925,040,000					
1996-D	906,868,000					
1996-S clad		2,145,077				
1996-S 90% Silver		775,081				
1997-P	595,740,000					
1997-D	599,680,000					
1997-S clad		2,055,000				
1997-S 90% Silver		741,194				
1998-P						
1998-D						
1998-S						

State type quarter dollar

	Business	Proof	Grade	Date Purchased	Amount Paid	Notes
1999-P Delaware						
1999-D						
1999-S						
1999-P Pennsylvania						
1999-D						
1999-S						
1999-P New Jersey						
1999 D						
1999-S						
1999-P Georgia						
1999-D						
1999-S						
1999-P Connecticut						
1999-D						
1999-S						
2000-P Massachusetts						
2000-D						
2000-S						
2000-P Maryland						
2000-D						
2000-S						
2000-P-South Carolina						
2000-D						
2000-S						
2000-P New Hampshire						
2000-D						
2000-S						
2000-P Virginia						
2000-D						
2000-S						
2001-P New York						
2001-D						
2001-S						
2001-P North Carolina						
2001-D						
2001-S						
2001-P Rhode Island						
2001-D						
2001-S						
2001-P Vermont						
2001-D						
2001-S						
2001-P Kentucky						
2001-D						
2001-S						

	Business	Proof	Grade	Date Purchased	Amount Paid	Notes
2002-P Tennessee						
2002-D						
2002-S						
2002-P Ohio						
2002-D						
2002-S						
2002-P Louisiana						
2002-D						
2002-S						
2002-P Indiana						
2002-D						
2002-S						
2002-P Mississippi						
2002-D						
2002-S						
2003-P Illinois						
2003-D						
2003-S						
2003-P Alabama						
2003-D						
2003-S						
2003-P Maine						
2003-D						
2003-S						
2003-P Missouri						
2003-D						
2003-S						
2003-P Arkansas						
2003-D						
2003-S						
2004-P Michigan						
2004-D						
2004-S						
2004-P Florida						
2004-D						
2004-S						
2004-P Texas						
2004-D						
2004-S						
2004-P Iowa						
2004-D						
2004-S						
2004-P Wisconsin						
2004-D						
2004-S						
2005-P California						
2005-D						
2005-S						
2005-P Minnesota						
2005-D						
2005-S						
2005-P Oregon						
2005-D						
2005-S						
2005-P Kansas						

	Business	Proof	Grade	Date Purchased	Amount Paid	Notes
2005-D						
2005-S						
2005-P West Virginia						
2005-D						
2005-S						
2006-P Nevada						
2006-D						
2006-S						
2006-P Nebraska						
2006-D						
2006-S						
2006-P Colorado						
2006-D						
2006-S						
2006-P-South Dakota						
2006-D						
2006-S						
2006-P North Dakota						
2006-D						
2006-S						
2007-P Montana						
2007-D						
2007-S						
2007-P Washington						
2007-D						
2007-S						
2007-P Idaho						
2007-D						
2007-S						
2007-P Wyoming						
2007-D						
2007-S						
2007-P Utah						
2007-D						
2007-S						
2008-P Oklahoma						
2008-D						
2008-S						
2008-P New Mexico						
2008-D						
2008-S						
2008-P Arizona						
2008-D						
2008-S						
2008-P Alaska						
2008-D						
2008-S						
2008-P Hawaii						
2008-D						
2008-S						

Half dollar

Flowing Hair half dollar

	Business	Proof	Grade	Date Purchased	Amount Paid	Notes
1794	23,464					
1795	299,680					
1795 3 Leaves						

Draped Bust, Small Eagle half dollar

	Business	Proof	Grade	Date Purchased	Amount Paid	Notes
1796 15 Stars	934					
1796 16 Stars						
1797 15 Stars	2,984					

Draped Bust, Heraldic Eagle half dollar

	Business	Proof	Grade	Date Purchased	Amount Paid	Notes
1801 Heraldic Eagle	30,289					
1802	29,890					
1803 Small 3	188,234					
1803 Large 3						
1805	211,722					
1805/4						
1806	839,576					
1806 Inverted 6						
1806 Knobbed 6, No Stem						
1806/5						
1807	301,076					

Capped Bust half dollar

	Business	Proof	Grade	Date Purchased	Amount Paid	Notes
1807 Small Stars	750,500					
1807 Large Stars						
1807 50/20						
1808	1,368,600					
1808/7						
1809	1,405,810					
1810	1,276,276					
1811 Small 8	1,203,644					
1811 Large 8						
1811/0						
1812	1,628,059					
1812/1 Small 8						
1812/1 Large 8						
1813	1,241,903					
1813 50C/UNI						
1814	1,039,075					
1814/3						
1815/2	47,150					
1817	1,215,567	*				
1817/3		*				
1817/4		*				
1818	1,960,322	*				
1818/7		*				
1819	2,208,000	*				
1819/8		*				
1820	751,122					

	Business	Proof	Grade	Date Purchased	Amount Paid	Notes
1820/19		*				
1821	1,305,797	*				
1822	1,559,573	*				
1822/1		*				
1823	1,694,200	*				
1823 Broken 3		*				
1824	3,504,954	*				
1824/1		*				
1824/4		*				
1825	2,943,166	*				
1826	4,004,180	*				
1827 Square 2	5,493,400	*				
1827 Curl 2		*				
1827/6		*				
1828	3,075,200	*				
1828 Large 8s		*				
1828 Small 8s		*				
1829	3,712,156	*				
1829/7		*				
1830 Large 0	4,764,800	*				
1830 Small 0		*				
1831	5,873,660	*				
1832 Normal	4,797,000	*				
1832 Large Letters		*				
1833	5,206,000	(R)				
1834	6,412,004	(R)				
1835	5,352,006	(R)				
1836 Lettered Edge	6,545,000	*				
1836 Reeded Edge, 50 CENTS	1,200	*				
1836 Lettered Edge, 50/00		*				
1837 50 CENTS	3,629,820	*				
1838 HALF DOL	3,546,000	*				
1838 O		*				
1839	1,362,160	*				
1839 O	178,976	*				

Seated Liberty half dollar

	Business	Proof	Grade	Date Purchased	Amount Paid	Notes
1839 No Drapery	1,972,400	*				
1839 Drapery		*				
1840 Small Letters	1,435,008	*				
1840 Medium Letters		*				

	Business	Proof	Grade	Date Purchased	Amount Paid	Notes
1840-O	855,100					
1841	310,000	*				
1841-O	401,000					
1842 Small Date	2,012,764	*				
1842 Medium Date		*				
1842-O Large Date	957,000					
1842-O Small Date						
1843	3,844,000	*				
1843-O	2,268,000					
1844	1,766,000	*				
1844-O	2,005,000					
1844-O Doubled Die						
1845	589,000	*				
1845-O	2,094,000					
1845-O No Drapery						
1846 Small Date	2,210,000	*				
1846 Tall Date		*				
1846 Horizontal 6		*				
1846-O Medium Date	2,304,000					
1846-O Tall Date						
1847	1,156,000	*				
1847-O	2,584,000					
1848	580,000	*				
1848-O	3,180,000					
1849	1,252,000	*				
1849-O	2,310,000					
1850	227,000	*				
1850-O	2,456,000					
1851	200,750					
1851-O	402,000					
1852	77,130	*				
1852-O	144,000					
1853 Arrows & Rays	3,532,708	*				
1853-O Arrows & Rays	1,328,000					
1853-O No Arrows						
1854 Arrows	2,982,000	*				
1854-O Arrows	5,240,000					
1855 Arrows	759,500	*				
1855/1854		*				
1855-S Arrows	129,950	*				
1855-O Arrows	3,688,000					
1856 No Arrows	938,000	*				
1856-S	211,000					
1856-O	2,658,000					
1857	1,988,000	*				
1857-S	158,000					
1857-O	818,000					
1858	4,226,000	*				
1858-S	476,000					
1858-O	7,294,000					
1859	748,000	*				
1859-S	566,000					
1859-O	2,834,000					
1860	302,700	1,000				
1860-S	472,000					

	Business	Proof	Grade	Date Purchased	Amount Paid	Notes
1860-O	1,290,000					
1861	2,887,400	1,000				
1861-S	939,500					
1861-O	2,532,633	*				
1862	253,000	550				
1862-S	1,352,000					
1863	503,200	460				
1863-S	916,000					
1864	379,100	470				
1864-S	658,000					
1865	511,400	500				
1865-S	675,000					
1866 Motto	744,900	725				
1866-S With Motto	94,000					
1866-S No Motto	60,000					
1867	449,300	625				
1867-S	1,196,000					
1868	417,600	600				
1868-S	1,160,000					
1869	795,300	600				
1869-S	656,000					
1870	633,900	1,000				
1870-S	1,004,000					
1870-CC	54,617					
1871	1,203,600	960				
1871-S	2,178,000					
1871-CC	153,950					
1872	880,600	950				
1872-S	580,000					
1872 CC	257,000					
1873 Open 3, No Arrows	801,200	600				
1873 With Arrows	1,815,150	550				
1873 Closed 3, No Arrows						
1873-S No Arrows	5,000					
1873-S With Arrows	228,000					
1873-CC With Arrows	214,560					
1873-CC No Arrows	122,500					
1874	2,359,600	700				
1874-S	394,000					
1874-CC	59,000					
1875	6,026,800	700				
1875-S	3,200,000					
1875-CC	1,008,000					
1876	8,418,000	1,150				
1876-S	4,528,000					
1876-CC	1,956,000					
1877	8,304,000	510				
1877-S	5,356,000					
1877-CC	1,420,000					
1878	1,377,600	800				
1878-S	12,000					
1878-CC	62,000					
1879	4,800	1,100				
1880	8,400	1,355				
1881	10,000	975				

	Business	Proof	Grade	Date Purchased	Amount Paid	Notes
1882	4,400	1,100				
1883	8,000	1,039				
1884	4,400	875				
1885	5,200	930				
1886	5,000	886				
1887	5,000	710				
1888	12,001	832				
1889	12,000	711				
1890	12,000	590				
1891	200,000	600				

Barber half dollar

	Business	Proof	Grade	Date Purchased	Amount Paid	Notes
1892	934,245	1,245				
1892-S	1,029,028					
1892-O	390,000					
1893	1,826,000	792				
1893-S	740,000					
1893-O	1,389,000					
1894	1,148,000	972				
1894-S	4,048,690					
1894-O	2,138,000					
1895	1,834,338	880				
1895-S	1,108,086					
1895-O	1,766,000	*				
1896	950,000	762				
1896-S	1,140,948					
1896-O	924,000					
1897	2,480,000	731				
1897-S	933,900					
1897-O	632,000					
1898	2,956,000	735				
1898-S	2,358,550					
1898-O	874,000					
1899	5,538,000	846				
1899-S	1,686,411					
1899-O	1,724,000					
1900	4,762,000	912				
1900-S	2,560,322					
1900-O	2,744,000					
1901	4,268,000	813				
1901-S	847,044					
1901-O	1,124,000					

	Business	Proof	Grade	Date Purchased	Amount Paid	Notes
1902	4,922,000	777				
1902-S	1,460,670					
1902-O	2,526,000					
1903	2,278,000	755				
1903-S	1,920,772					
1903-O	2,100,000					
1904	2,992,000	670				
1904-S	553,038					
1904-O	1,117,600					
1905	662,000	727				
1905-S	2,494,000					
1905-O	505,000					
1906	2,638,000	675				
1906-D	4,028,000					
1906-S	1,740,154					
1906-O	2,446,000					
1907	2,598,000	575				
1907-D	3,856,000					
1907-S	1,250,000					
1907-O						
1907-S/S	3,946,600					
1908	1,354,000	545				
1908-D	3,280,000					
1908-S	1,644,828					
1908-O	5,360,000					
1909	2,368,000	650				
1909-S	1,764,000					
1909-O	925,400					
1910	418,000	551				
1910-S	1,948,000					
1911	1,406000	543				
1911-D	695,080					
1911-S	1,272,000					
1912	1,550,000	700				
1912-D	2,300,800					
1912-S	1,370,000					
1913	188,000	627				
1913-D	534,000					
1913-S	604,000					
1914	124,230	380				
1914-S	992,000					
1915	138,000	450				
1915-D	1,170,400					
1915-S	1,604,000					

Walking Liberty half dollar

	Business	Proof	Grade	Date Purchased	Amount Paid	Notes
1916	608,000	*				
1916-D	1,014,400					
1916-S	508,000					
1917	12,292,000					
1917-D Obverse Mint Mark	765,400					
1917-D Reverse Mint Mark	1,940,000					
1917-S Obverse Mint Mark	952,000					
1917-S Reverse Mint Mark	5,554,000					
1918	6,634,000					
1918-D	3,853,040					
1918-S	10,282,000					
1919	962,000					
1919-D	1,165,000					
1919-S	1,552,000					
1920	6,372,000					
1920-D	1,551,000					
1920-S	4,624,000					
1921	246,000					
1921-D	208,000					
1921-S	548,000					
1923-S	2,178,000					
1927-S	2,392,000					
1928-S	1,940,000					
1929-D	1,001,200					
1929-S	1,902,000					
1933-S	1,786,000					
1934	6,964,000					
1934-D	2,361,400					
1934-S	3,652,000					
1935	9,162,000					
1935-D	3,003,800					
1935-S	3,854,000					
1936	12,614,000	3,901				
1936-D	4,252,400					
1936-S	3,884,000					
1937	9,522,000	5,728				
1937-D	1,676,000					
1937-S	2,090,000					
1938	4,110,000	8,152				
1938-D	491,600					
1939	6,812,000	8,808				
1939-D	4,267,800					

	Business	Proof	Grade	Date Purchased	Amount Paid	Notes
1939-S	2,552,000					
1940	9,156,000	11,279				
1940-S	4,550,000					
1941	24,192,000	15,412				
1941-D	11,248,400					
1941-S	8,098,000					
1942	47,818,000	21,120				
1942-D	10,973,800					
1942-S	12,708,000					
1943	53,190,000					
1943-D	11,346,000					
1943-S	13,450,000					
1944	28,206,000					
1944-D	9,769,000					
1944-S	8,904,000					
1945	31,502,000					
1945-D	9,996,800					
1945-S	10,156,000					
1946	12,118,000					
1946-D	2,151,000					
1946-S	3,724,000					
1947	4,094,000					
1947-D	3,900,600					

Franklin half dollar

	Business	Proof	Grade	Date Purchased	Amount Paid	Notes
1948	3,006,814					
1948-D	4,028,600					
1949	5,614,000					
1949-D	4,120,600					
1949-S	3,744,000					
1950	7,742,123	51,386				
1950-D	8,031,600					
1951	16,802,102	57,500				
1951-D	9,475,200					
1951-S	13,696,000					
1952	21,192,093	81,980				
1952-D	25,395,600					
1952-S	5,526,000					
1953	2,668,120	128,800				
1953-D	20,900,400					

	Business	Proof	Grade	Date Purchased	Amount Paid	Notes
1953-S	4,148,000					
1954	13,188,203	233,300				
1954-D	25,445,580					
1954-S	4,993,400					
1955	2,498,181	378,200				
1956	4,032,000	669,384				
1957	5,114,000	1,247,952				
1957-D	19,966,850					
1958	4,042,000	875,652				
1958-D	23,962,412					
1959	6,200,000	1,149,291				
1959-D	113,053,750					
1960	6,024,000	1,691,602				
1960-D	18,215,812					
1961	8,290,000	3,028,244				
1961-D	20,276,442					
1962	9,714,000	3,218,019				
1962-D	35,473,281					
1963	22,164,000	3,075,645				
1963-D	67,069,292					

Kennedy half dollar

	Business	Proof	Grade	Date Purchased	Amount Paid	Notes
1964	273,304,004	3,950,762				
1964-D	156,205,446					
1965 (D)	63,049,366					
1965 (S)	470,000					
1966 (D)	106,439,312					
1966 (S)	284,037					
1967 (D)	293,183,634					
1968-D	246,951,930					
1968-S		3,041,506				
1969-D	129,881,800					
1969-S		2,934,631				
1970-D	2,150,000					
1970-S		2,632,810				
1971	155,164,000					
1971-D	302,097,424					

	Business	Proof	Grade	Date Purchased	Amount Paid	Notes
1971-S		3,220,733				
1972	153,180,000					
1972-D	141,890,000					
1972-S		3,260,996				
1973	64,964,000					
1973-D	83,171,400					
1973-S		2,760,339				
1974	201,596,000					
1974-D	79,066,300					
1974-S		2,612,568				

Bicentennial type half dollar

	Business	Proof	Grade	Date Purchased	Amount Paid	Notes
1976	234,308,000					
1976-D	287,565,248					
1976-S		6,968,506				
1976-S 40% silver	4,908,319	3,998,621				

Normal type half dollar

	Business	Proof	Grade	Date Purchased	Amount Paid	Notes
1977	43,598,000					
1977-D	31,449,106					
1977-S		3,236,798				
1978	14,350,000					
1978-D	13,765,799					
1978-S		3,120,285				
1979	68,312,000					
1979-D	15,815,422					
1979-S Filled-S		3,677,175				
1980-P	44,134,000					
1980-D	33,456,449					
1980-S		3,554,806				
1981-P	29,544,000					
1981-D	27,839,533					
1981-S Filled-S		4,063,083				
1982-P	10,819,000					
1982-D	13,140,102					
1982-S		3,857,479				

	Business	Proof	Grade	Date Purchased	Amount Paid	Notes
1983-P	34,139,000					
1983-D	32,472,244					
1983-S		3,279,126				
1984-P	26,029,000					
1984-D	26,262,158					
1984-S		3,065,110				
1985-P	18,706,962					
1985-D	19,814,034					
1985-S		3,362,821				
1986-P	13,107,633					
1986-D	15,366,145					
1986-S		3,010,497				
1987-P	2,890,758					
1987-D	2,890,758					
1987-S		3,792,233				
1988-P	13,626,000					
1988-D	12,000,096					
1988-S		3,262,948				
1989-P	24,542,000					
1989-D	23,000,216					
1989-S		3,220,914				
1990-P	22,278,000					
1990-D	20,096,242					
1990-S		3,299,559				
1991 P	14,874,000					
1991-D	15,054,678					
1991-S		2,867,787				
1992-P	17,628,000					
1992-D	17,000,106					
1992-S clad		2,858,903				
1992-S 90% Silver		1,317,641				
1993-P	15,510,000					
1993-D	150,000,006					
1993-S clad		2,569,882				
1993-S 90% Silver		790,994				
1994-P	23,718,000					
1994D	23,828,110					
1994-S clad		2,443,590				
1994-S 90% Silver		778,550				
1995-P	26,496,000					
1995-D	26,288,000					
1995-S clad		2,124,790				
1995-S 90% Silver		666,277				
1996-P	24,442,000					
1996-D	24,744,000					
1996-S clad		2,145,077				
1996-S 90% Silver		775,081				
1997-P	20,882,000					
1997-D	19,876,000					
1997-S clad		2,055,000				
1997-S 90% Silver		741,194				
1998-P						
1998-D						
1998-S Regular Proof						

	Business	Proof	Grade	Date Purchased	Amount Paid	Notes
1998-S Proof Matte Finish						
1999-P						
1999-D						
1999-S						
2000-P						
2000-D						
2000-S						
2001-P						
2001-D						
2001-S						
2002-P						
2002-D						
2002-S						
2003-P						
2003-D						
2003-S						
2004-P						
2004-D						
2004-S						
2005-P						
2005-D						
2005-S						
2006-P						
2006-D						
2006-S						
2007-P						
2007-D						
2007-S						
2008-P						
2008-D						
2008-S						

Silver dollar

Flowing Hair dollar

	Business	Proof	Grade	Date Purchased	Amount Paid	Notes
1794	1,758					
1795	160,295					

Draped Bust, Small Eagle dollar

	Business	Proof	Grade	Date Purchased	Amount Paid	Notes
1795	42,738					
1796	72,920					
1797 9x7 Small Letters	7,776					
1797 9x7 Large Letters						
1797 10x6						
1798 13 Stars, Small Eagle	327,536					
1798 15 Stars, Small Eagle						

Draped Bust, Heraldic Eagle dollar

	Business	Proof	Grade	Date Purchased	Amount Paid	Notes
1798 Heraldic Eagle						
1799	423,515					
1799/98						
1799 8x5 Stars						
1800	220,920					
1801	54,454					
1802	41,650					
1802/1						
1803 Large 3	85,634					
1803 Small 3	85,634					
1804 (Restrikes)						

Gobrecht dollar

	Business	Proof	Grade	Date Purchased	Amount Paid	Notes
1836 (pattern)	1,600	*				
1836 (circulation)						
1836 (circulation, new weight)						
1838 (pattern)		*				
1839 (circulation)	300	*				

Seated Liberty dollar

	Business	Proof	Grade	Date Purchased	Amount Paid	Notes
1840 No Motto	61,005	(R)				
1841	173,000	(R)				
1842	184,618	(R)				
1843	165,100	(R)				
1844	20,000	(R)				
1845	24,500	(R)				
1846	110,600	(R)				
1846-O	59,000	(R)				
1847	140,750	(R)				
1848	15,000	(R)				
1849	62,600	(R)				
1850	7,500	(R)				
1850-O	40,000	(R)				
1851	1,300	(R)				
1852	1,100	(R)				
1853	46,110	(R)				
1854	33,140	*				
1855	26,000	*				
1856	63,500					
1857	94,000	*				
1858		*				
1859	256,500	*				
1859-S	20,000					
1859-O	360,000					
1860	217,600	1,330				
1860-O	515,000					
1861	77,500	1,000				
1862	11,540	550				
1863	27,200	460				
1864	30,700	470				
1865	46,500	500				
1866 Motto	48,900	725				
1867	46,900	625				
1868	162,100	600				
1869	423,700	600				
1870	415,000	1,000				
1870-S						
1870-CC	12,462	*				
1871	1,073,800	960				

	Business	Proof	Grade	Date Purchased	Amount Paid	Notes
1871-CC	1,376					
1872	1,105,500	950				
1872-S	9,000					
1872-CC	3,150					
1873	293,000	600				
1873-CC	2,300					

Trade dollar

	Business	Proof	Grade	Date Purchased	Amount Paid	Notes
1873	396,635	865				
1873-S	703,000					
1873-CC	124,500					
1874	987,100	700				
1874-S	2,549,000					
1874-CC	1,373,200					
1875	218,200	700				
1875-S	4,487,000					
1875-S/CC						
1875-CC	1,573,700					
1876	455,000	1,150				
1876-S	5,227,000					
1876-CC	509,000					
1877	3,039,200	510				
1877-S	9,519,000					
1877-CC	534,000					
1878		900				
1878-S	4,162,000					
1878-CC	97,000					
1879		1,541				
1889		1,987				
1881		960				
1882		1,097				
1883		979				
1884		10				
1885		5				

Morgan dollar

	Business	Proof	Grade	Date Purchased	Amount Paid	Notes
1878 8 Tail Feathers	10,508,550	1,000				
1878 7 Tail Feathers, Reverse of 1878						
1878 7 Tail Feathers, Reverse of 1879						
1878 7/8 Tail Feathers						
1878-S	9,774,000					
1878-CC	2,212,000					
1879	14,806,000	1,100				
1879-S Reverse of 1878	9,110,000					
1879-S Reverse of 1879						
1879-CC	756,000					
1879-CC Large-CC/Small-CC						
1879-O	2,887,000	*				
1880	12,600,000	1,355				
1880-S	8,900,000					
1880-CC	591,000					
1880-CC Reverse of 1878						
1880-O	5,305,000					
1881	9,163,000	975				
1881-S	12,760,000					
1881-CC	296,000					
1881-O	5,708,000					
1882	11,100,000	1,100				
1882-S	9,250,000					
1882-CC	1,133,000	*				
1882-O	6,090,000					
1883	12,290,000	1,039				
1883-S	6,250,000					
1883-CC	1,204,000	*				
1883-O	8,725,000	*				
1884	14,070,000	875				
1884-S	3,200,000					
1884-CC	1,136,000	*				
1884-O	9,730,000					
1885	17,786,837	930				
1885-S	1,497,000					
1885-CC	228,000					
1885-O	9,185,000					
1886	19,963,000	886				
1886-S	750,000					
1886-O	10,710,000					

	Business	Proof	Grade	Date Purchased	Amount Paid	Notes
1887	20,290,000	710				
1887-S	1,771,000					
1887-O	11,550,000					
1888	19,183,000	832				
1888-S	657,000					
1888-O	12,150,000					
1889	21,726,000	811				
1889-S	700,000					
1889-CC	350,000					
1889-O	11,875,000					
1890	16,802,000	590				
1890-S	8,230,373					
1890-CC	2,309,041					
1890-O	10,701,000					
1891	8,693,556	650				
1891-S	5,296,000					
1891-CC	1,618,000					
1891-O	7,754,529					
1892	1,036,000	1,245				
1892-S	1,200,000					
1892-CC	1,352,000					
1892-O	2,744,000					
1893	389,000	792				
1893-S	100,000					
1893-CC	677,000	*				
1893-O	300,000					
1894	110,000	972				
1894-S	1,260,000					
1894-O	1,723,000					
1895	12,000	880				
1895-S	400,000					
1895-O	450,000					
1896	9,976,000	762				
1896-S	5,000,000					
1896-O	4,900,000					
1897	2,822,000	731				
1897-S	5,825,000					
1897-O	4,004,000					
1898	5,884,000	735				
1898-S	4,102,000					
1898-O	4,440,000					
1899	330,000	846				
1899-S	2,562,000					
1899-O	12,290,000					
1900	8,830,000	912				
1900-S	3,540,000					
1900-O	12,590,000					
1900-O/CC						
1901	6,962,000	813				
1901-S	2,284,000					
1901-O	13,320,000					
1902	7,994,000	777				
1902-S	1,530,000					
1902-O	8,636,000					
1903	4,652,000	755				
1903-S	1,241,000					

	Business	Proof	Grade	Date Purchased	Amount Paid	Notes
1903-O	4,450,000					
1904	2,788,000	650				
1904-S	2,304,000					
1904-O	3,720,000					
1921	44,690,000	*				
1921-D	20,345,000					
1921-S	21,695,000					

Peace dollar

	Business	Proof	Grade	Date Purchased	Amount Paid	Notes
1921	1,006,473					
1922	51,737,000	*				
1922-D	15,063,000					
1922-S	17,475,000					
1923	30,800,000					
1923-D	6,811,000					
1923-S	19,020,000					
1924	11,811,000					
1924-S	1,728,000					
1925	10,198,000					
1925-S	1,610,000					
1926	1,939,000					
1926-D	2,348,700					
1926-S	6,980,000					
1927	848,000					
1927-D	1,268,900					
1927-S	866,000					
1928	360,649					
1928-S	1,632,000					
1934	954,057					
1934-D	1,569,500					
1934-S	1,011,000					
1935	1,576,000					
1935-S	1,964,000					

Clad dollar
Eisenhower dollar

	Business	Proof	Grade	Date Purchased	Amount Paid	Notes
1971	47,799,000					
1971-D	68,587,424					
1971-S 40% Silver	6,868,530	4,265,234				
1972	75,890,000					
1972-D	92,548,511					
1972 40% Silver	2,193,056	1,811,631				
1973	2,000,056					
1973-D	2,000,000					
1973-S 40% Silver	1,883,140	1,013,646				
1973-S copper-nickel clad		2,760,339				
1974	27,366,000					
1974-D	145,517,000					
1974 40%-Silver	1,900,156	1,306,579				
1974-S copper-nickel clad		2,612,568				

Bicentennial type dollar

	Business	Proof	Grade	Date Purchased	Amount Paid	Notes
1976 Bold Reverse Letters						
	117,337,000					
1976 Thin Reverse Letters (included above)						

	Business	Proof	Grade	Date Purchased	Amount Paid	Notes
1976-D Bold Reverse Letters						
	103,228,274					
1976-D Thin Reverse Letters (included above)						
1976-S Bold Reverse Letters, copper-nickel clad						
		2,845,450				
1976-S Thin Reverse Letters, copper-nickel clad						
		4,123,056				
1976-S 40% silver	4,908,319	3,998,621				

Normal type dollar

	Business	Proof	Grade	Date Purchased	Amount Paid	Notes
1977	12,596,000					
1977-D	32,983,006					
1977-S		3,236,798				
1978	25,702,000					
1978-D	33,012,890					
1978-S		3,120,285				

Anthony dollar

	Business	Proof	Grade	Date Purchased	Amount Paid	Notes
1979-P	360,222,000					
1979-P Near-Date						
1979-D	288,015,744					
1979-S Filled S	109,576,000	3,677,175				
1979-S Clear S						
1980-P	27,610,000					
1980-D	441,628,708					
1980-S	20,442,000	3,554,806				
1981-P	3,000,000					
1981-D	3,250,000					
1981-S Filled S	3,492,000	4,063,083				
1981-S Clear S						

Golden Sacajawea dollar
(picture unavailable
at press time)

	Business	Proof	Grade	Date Purchased	Amount Paid	Notes
2000-P						
2000-D						
2000-S						
2001-P						
2001-D						
2001-S						
2002-P						
2002-D						
2002-S						
2003-P						
2003-D						
2003-S						
2004-P						
2004-D						
2004-S						
2005-P						
2005-D						
2005-S						
2006-P						
2006-D						
2006-S						
2007-P						
2007-D						
2007-S						
2008-P						
2008-D						
2008-S						

Gold dollar

Coronet gold dollar

	Business	Proof	Grade	Date Purchased	Amount Paid	Notes
1849 Open Wreath, L, Small Head	688,567	*				
1849 Open Wreath, No L, Small Head						
1849 Open Wreath, Large Head 1849 Closed Wreath						
1849-D	21,588					

	Business	Proof	Grade	Date Purchased	Amount Paid	Notes
1849-O	215,000					
1849-C Closed Wreath	11,634					
1849-C Open Wreath						
1850	481,953					
1850-D	8,382					
1850-O	14,000					
1850-C	6,966					
1851	3,317,671					
1851-D	9,882					
1851-O	290,000					
1851-C	41,267					
1852	2,045,351					
1852-D	6,360					
1852-O	140,000					
1852-C	9,434					
1853	4,076,051					
1853-D	6,583					
1853-O	290,000					
1853-C	11,515					
1854 Small Head	736,709	*				
1854-C	2,935					
1854-S	14,632					

Indian Head, Small Head gold dollar

	Business	Proof	Grade	Date Purchased	Amount Paid	Notes
1854	902,736	*				
1855	758,269	*				
1855-D	1,811					
1955-O	55,000					
1855-C	9,803					
1856-S	24,600					

Indian Head, Large Head gold dollar

	Business	Proof	Grade	Date Purchased	Amount Paid	Notes
1856 Large Head, Upright						
	51,762,936	*				
1856 Large Head, Slant 5						
1856-D Large Head	1,460					
1857	774,789	*				
1857-D	3,533					
1857-S	10,000					
1857-C	13,280					
1858	117,995	*				
1858-D	3,477					
1858-S	10,000					
1859	168,244	*				
1859-D	4,952					
1859-S	15,000					
1859-C	5,235					
1860	36,514	154				
1860-D	1,566					
1860-S	13,000					
1861	527,150	349				
1861-D						
1862	1,361,365	35				
1863	6,200	50				
1864	5,900	50				
1865	3,700	25				
1866	7,100	30				
1867	5,200	50				
1868	10,500	25				
1869	5,900	25				
1870	6,300	35				
1870-S	3,000					
1871	3,900	30				
1872	3,500	30				
1873 Closed 3	125,100	25				
1873 Open 3						
1874	198,800	20				
1875	400	20				
1876	3,200	45				
1877	3,900	20				
1878	3,000	20				
1879	3,000	30				
1880	1,600	36				
1881	7,620	87				
1882	5,000	125				
1883	10,800	207				
1884	5,230	1,006				
1885	11,156	1,105				
1886	5,000	1,016				
1887	7,500	1,043				
1888	15,501	1,079				
1889	28,950	1,779				

Quarter eagle
Capped Bust $2.50

	Business	Proof	Grade	Date Purchased	Amount Paid	Notes
1796 No Stars	1,395					
1796 Stars						
1797		427				
1798	1,094					
1802/1	3,035					
1804 13 Stars	3,327					
1804 14 Stars						
1805	1,781					
1806/4	1,616					
1806/5						
1807	6,812					

Capped Draped Bust $2.50

	Business	Proof	Grade	Date Purchased	Amount Paid	Notes
1808	2,710					

Capped Head $2.50

	Business	Proof	Grade	Date Purchased	Amount Paid	Notes
1821	6,448	*				
1824/1	2,600	*				
1825	4,434	*				
1826	760	*				
1827	2,800	*				
1829 Small Planchet	3,403	*				
1830	4,540	*				
1831	4,520	*				
1832	4,400	*				
1833	4,160	*				
1834	4,000	*				

Classic Head $2.50

	Business	Proof	Grade	Date Purchased	Amount Paid	Notes
1834 P No Motto	113,370	*				
1835	131,402	*				
1836	547,986	*				
1837	45,080	*				
1838	47,030					
1838 C	7,908					
1839/8	27,021					
1839/8-D	13,674					
1839 O	17,781					
1839/8-C	18,173					

Coronet $2.50

	Business	Proof	Grade	Date Purchased	Amount Paid	Notes
1840	18,859	*				
1840-D	3,532					
1840-O	33,580					
1840-C	12,838					
1841		*				
1841-D	4,164					
1841-C	10,297					
1842	2,823	*				
1842-D	4,643					
1842-O	19,800					
1842-C	6,737					
1843	100,546	*				
1843-D	36,209					
1843-O Small Date	368,002					
1843-C Large Date	26,096					
1843-C Small Date						
1844	6,784	*				
1844-D	17,332					
1844-C	11,622					
1845	91,051	*				
1845-D	19,460					
1845-O	4,000					
1846	21,598	*				
1846-D	19,303					
1846-O	62,000					
1846-C	4,808					
1847	29,814	*				
1847-D	15,784					
1847-O	124,000					
1847-C	23,226					
1848	7,497	*				
1848 CAL.	1,389					
1848-D	13,771					
1848-C	16,788					
1849	23,294	*				
1849-D	10,945					
1849-C	10,220					
1850	252,923					
1850-D	12,148					
1850-O	84,000					
1850-C	9,148					
1851	1,372,748					
1851-D	11,264					
1851-O	148,000					
1851-C	14,923					
1852	1,159,681					

	Business	Proof	Grade	Date Purchased	Amount Paid	Notes
1852-D	4,078					
1852-O	140,000					
1852-C	9,772					
1853	1,404,668					
1853-D	3,178					
1854	596,258	*				
1854-D	1,760					
1854-S	246					
1854-O	153,000					
1854-C	7,295					
1855	235,480	*				
1855-D	1,123					
1855-C	3,677					
1856	384,240	*				
1856-D	874					
1856-S	71,120					
1856-O	21,100					
1856-C	7,913					
1857	214,130	*				
1857-D	2,364					
1857-S	69,200					
1857-O	34,000					
1858	47,377	*				
1858-C	9,056					
1859	39,444	*				
1859-D	2,244					
1859-S	15,200					
1860 Small Letters & Arrowhead	22,563	112				
1860-S	35,600					
1860-C	7,469					
1861	1,272,428	90				
1861-S	24,000					
1862	98,508	35				
1862-S	8,000					
1863		30				
1863-S	10,800					
1864	2,824	50				
1865	1,520	25				
1865-S	23,376					
1866	3,080	30				
1866-S	38,960					
1867	3,200	50				
1867-S	28,000					
1868	3,600	25				
1868-S	34,000					
1869	4,320	25				
1869-S	29,500					
1870	4,520	35				
1870-S	16,000					
1871	5,320	30				
1871-S	22,000					
1872	3,000	30				
1872-S	18,000					
1873-Closed 3	178,000	25				

	Business	Proof	Grade	Date Purchased	Amount Paid	Notes
1873 Open 3						
1873-S	27,000					
1874	3,920	20				
1875	400	20				
1875-S	11,600					
1876	4,176	45				
1876-S	5,000					
1877	1,632	20				
1877-S	35,400					
1878	286,240	20				
1878-S	178,000					
1879	88,960	30				
1879-S	43,500					
1880	2,960	36				
1881	640	51				
1882	4,000	67				
1883	1,920	82				
1884	1,950	73				
1885	800	87				
1886	4,000	88				
1887	6,160	122				
1888	16,006	92				
1989	17,600	48				
1890	8,720	93				
1891	10,960	80				
1892	2,440	105				
1893	30,000	106				
1894	4,000	122				
1895	6,000	119				
1896	19,070	132				
1897	29,768	136				
1898	24,000	165				
1899	27,200	150				
1900	67,000	205				
1901	91,100	223				
1902	133,540	193				
1903	201,060	197				
1904	160,790	170				
1905	217,800	144				
1906	176,330	160				
1907	336,294	154				

Indian Head $2.50

	Business	Proof	Grade	Date Purchased	Amount Paid	Notes
1980	564,821	236				
1909	441,760	139				
1910	492,000	682				

	Business	Proof	Grade	Date Purchased	Amount Paid	Notes
1911	704,000	191				
1911-D	55,680					
1912	616,000	197				
1913	722,000	165				
1914	240,000	117				
1914-D	448,000					
1915	606,000	100				
1925-D	578,000					
1926	446,000					
1927	388,000					
1928	416,000					
1929	532,000					

Three dollar gold

Indian Head $3 gold

	Business	Proof	Grade	Date Purchased	Amount Paid	Notes
1854	138,618	*				
1854-D	1,120					
1854-O	24,000					
1855	50,555	*				
1855-S	6,600					
1856	26,010	*				
1856-S	34,500					
1857	20,891	*				
1857-S	14,000					
1858	2,133	*				
1859	15,638	*				
1860	7,036	119				
1860-S	4,408					
1861	5,959	113				
1862	5,750	35				
1863	5,000	39				
1864	12,630	50				
1865	1,140	25				
1866	4,000	30				
1867	2,600	50				
1868	4,850	25				
1869	2,500	25				
1870	3,500	35				
1870-S						
1871	1,300	30				
1872	2,000	30				

	Business	Proof	Grade	Date Purchased	Amount Paid	Notes
1873 Open 3						
1873 Closed 3		25 (R)				
1874	41,800	20				
1875		20 (R)				
1876		45				
1877	1,468	20				
1878	82,304	20				
1879	3,000	30				
1880	1,000	36				
1881	500	54				
1882	1,500	76				
1883	900	89				
1884	1,000	106				
1885	800	110				
1886	1,000	142				
1887	6,000	160				
1888	5,000	291				
1889	2,300	129				

Half eagle

Capped Bust $5

	Business	Proof	Grade	Date Purchased	Amount Paid	Notes
1795 Small Eagle	8,707					
1795 Heraldic Eagle						
1796/5 Small Eagle	6,196					
1797 Small Eagle, 15 Stars	3,609					
1797 Small Eagle, 16 Stars						
1797/5 Heraldic Eagle						
1797 Heraldic Eagle, 16 Stars						
1798 Small Eagle	24,867					
1798 Heraldic Eagle, Small 8						
1798 Heraldic Eagle, Large 8, 13 Stars						

	Business	Proof	Grade	Date Purchased	Amount Paid	Notes
1798 Heraldic Eagle, Large 8, 14 Stars						
1799 Large 9, Small Stars	7,451					
1799 Large Stars						
1800	37,628					
1802/1	53,176					
1803/2	33,506					
1804 Small 8	30,475					
1804 Small 8/Large 8						
1805	33,183					
1806 Pointed 6	64,093					
1806 Round 6						
1807	32,488					

Capped Draped Bust $5

	Business	Proof	Grade	Date Purchased	Amount Paid	Notes
1807	51,605					
1808	55,578					
1808/7						
1809/8	33,875					
1810 Small Date, Small 5	100,287					
1810 Small Date, Tall 5						
1810 Large Date, Small S						
1810 Large Date, Large S						
1811 Small 5	99,581					
1811 Tall 5						
1812	58,087					

Capped Head $5

	Business	Proof	Grade	Date Purchased	Amount Paid	Notes
1813	95,428					
1814/3	15,454					
1815	635					
1818	48,588					

	Business	Proof	Grade	Date Purchased	Amount Paid	Notes
1818 STATESOF						
1818 5D/50						
1819 Wide Date	51,723					
1819 Close Date						
1819 5D/50						
1820 Curved Base 2, Small Letters	263,806	*				
1820 Curved Base 2, Large Letters		*				
1820 Square Base 2, Large Letters		*				
1821	34,641	*				
1822	17,796					
1823	14,485	*				
1824	17,340	*				
1825/1	29,060	*				
1825/4		*				
1826	18,069	*				
1827	24,913	*				
1828	28,029	*				
1828/7		*				
1829 Large Planchet	57,442	*				
1829 Small Planchet						
1830 Small 5D	126,351	*				
1830 Large 5D						
1831 Small 5D	140,594	*				
1831 Large 5D						
1852 Curl Base 2, 12 Stars	157,487	*				
1832 Square Base 2, 13 Stars		*				
1833	193,630	*				
1834 Plain 4	51,141	*				
1834 Crosslet 4		*				

Classic Head $5

	Business	Proof	Grade	Date Purchased	Amount Paid	Notes
1834 Plain 4	657,460	*				
1834 Crosslet 4		*				
1835	371,534	*				
1836	533,147	*				
1837	207,121	*				
1838	286,588	*				
1838-D	20,583					
1838-C	19,145					

Coronet $5

	Business	Proof	Grade	Date Purchased	Amount Paid	Notes
1839 No Motto	118,143	*				
1839-D	18,939					
1839-C	17,235					
1840 Broad Mill	137,382	*				
1840 Narrow Mill		*				
1840-D	22,896					
1840-O Broad Mill	38,700					
1840-O Narrow Mill						
1840-C	19,028					
1841	15,833	*				
1841-D	30,495					
1841-O	50					
1841-C	21,511					
1842 Small Letters	27,578	*				
1842 Large Letters		*				
1842-D Large Date, Large Letters	59,608					
1842-D Small Date, Small Letters						
1842-O	16,400					
1842-C Large Date	27,480					
1842-C Small Date						
1843	611,205	*				
1843-D	98,452					
1843-O Small Letters	101,075					
1843-O Large Letters						
1843-C	44,353					
1844	340,330	*				
1844-D	88,982					
1844-O	364,600	*				
1844-C	23,631					
1845	417,099	*				
1845-D	90,629					
1845-O	41,000					
1846	395,942	*				
1846 Small Date						
1846-D	80,294					
1846-O	58,000					
1846-C	12,995					
1847	915,981	*				
1847-D	64,405					
1847-O	12,000					
1847-C	84,151					
1848	260,775	*				
1848-D	47,465					
1848-C	64,472					
1849	133,070					

	Business	Proof	Grade	Date Purchased	Amount Paid	Notes
1849-D	39,036					
1849-C	64,823					
1850	64,491					
1850-D	43,984					
1850-C	63,591					
1851	377,505					
1851-D	62,710					
1851-O	41,000					
1851-C	49,176					
1852	573,901					
1852-D	91,584					
1852-C	72,574					
1853	305,770					
1853-D	89,678					
1853-C	65,571					
1854	160,675					
1854-D	56,413					
1854-S	268					
1854-O	46,000					
1854-C	39,283					
1855	117,098	*				
1855-D	22,432					
1855-S	61,000					
1855-O	11,100					
1855-C	39,788					
1856	197,990	*				
1856-D	19,786					
1856-S	105,100					
1856-O	10,000					
1856-C	28,457					
1857	98,188	*				
1857-D	17,046					
1857-S	87,000					
1857-O	13,000					
1857-C	31,360					
1858	15,136	*				
1858-D	15,362					
1858-S	18,600					
1858-C	38,856					
1859	16,814	*				
1859-D	10,366					
1859-S	13,220					
1859-C	31,847					
1860	19,763	62				
1860-D	14,635					
1860-S	21,200					
1860-C	14,813					
1861	688,084	66				
1861-D	1,597					
1861-S	18,000					
1861-C	6,879					
1862	4,430	35				
1862-S	9,500					
1863	2,442	30				
1863-S	17,000					
1864	4,220	50				

	Business	Proof	Grade	Date Purchased	Amount Paid	Notes
1864-S	3,888					
1865	1,270	25				
1865-S	27,612					
1866 With Motto	6,7000	30				
1866-S No Motto	9,000					
1866-S With Motto	34,920					
1867	6,870	50				
1867-S	29,000					
1868	5,700	25				
1868-S	52,000					
1869	1,760	25				
1869-S	31,000					
1870	4,000	35				
1870-S	17,000					
1870-CC	7,675					
1871	3,200	30				
1871-S	25,000					
1871-CC	20,770					
1872	1,660	30				
1872-S	36,400					
1872-CC	16,980					
1873 Closed 3	112,480	25				
1873-Open 3						
1873-S	31,000					
1873-CC	7,416					
1874	3,488	20				
1874-S	16,000					
1874-CC	21,198					
1875	200	20				
1875-S	9,000					
1875-CC	11,828					
1876	1,432	45				
1876-S	4,000					
1876-CC	6,887					
1877	1,132	20				
1877-S	26,700					
1877-CC	8,680					
1878	131,720	20				
1878-S	144,700					
1878-CC	9,054					
1879	301,920	30				
1879-S	426,200					
1879-CC	17,281					
1880	3,166,400	36				
1880-S	1,348,900					
1880-CC	51,017					
1881	5,708,760	42				
1881/0						
1881-S	969,000					
1881-CC	13,886					
1882	2,154,520	48				
1882-S	969,000					
1882-CC	82,817					
1883	233,400	61				
1883-S	83,200					
1883-CC	12,958					

	Business	Proof	Grade	Date Purchased	Amount Paid	Notes
1884	191,030	48				
1884-S	177,000					
1884-CC	16,402					
1885	601,440	66				
1885-S	1,211,500					
1886	388,360	72				
1886-S	3,268,000					
1887		87				
1887-S	1,912,000					
1888	18,202	94				
1888-S	293,900					
1889	7,520	45				
1890	4,240	88				
1890-CC	53,800					
1891	61,360	53				
1891CC	208,000					
1892	753,480	92				
1892-S	298,400					
1892-CC	82,968					
1892 O	10,000					
1893	1,528,120	77				
1893-S	224,000					
1893-CC	60,000					
1893-O	110,000					
1894	957,880	75				
1894-S	55,900					
1894-O	16,600					
1895	1,345,855	81				
1895-S	112,000					
1896	58,960	103				
1896-S	155,400					
1897	867,800	83				
1897-S	354,000					
1898	633,420	75				
1898-S	1,397,400					
1899	1,710,630	99				
1899-S	1,545,000	*				
1900	1,405,500	230				
1900-S	329,000					
1901	615,900	140				
1901-S	3,468,000					
1901/0-S						
1902	172,400	162				
1902-S	939,000					
1903	226,870	154				
1903-S	1,855,000					
1904	392,000	136				
1904-S	97,000					
1905	302,200	108				
1905-S	880,700					
1906	348,735	85				
1906-D	320,000					
1906-S	598,000					
1907	626,100	92				
1907-D	888,000					
1908	421,874					

Indian Head $5

	Business	Proof	Grade	Date Purchased	Amount Paid	Notes
1908	577,845	167				
1908-D	148,000					
1908-S	82,000					
1909	627,060	78				
1909-D	3,423,560					
1909-S	297,200					
1909-D	34,200					
1910	604,000	250				
1910-D	193,600					
1910-S	770,200					
1911	915,000	139				
1911-D	72,500					
1911-S	1,416,000					
1912	790,000	144				
1912-S	392,000					
1913	916,000	99				
1913-S	408,000					
1914	247,000	125				
1914-D	247,000					
1914-S	263,000					
1915	588,000	75				
1915-S	164,000					
1916-S	240,000					
1929	662,000					

Eagle

Capped Bust, Small Eagle $10

	Business	Proof	Grade	Date Purchased	Amount Paid	Notes
1795 Small Eagle, 13 Leaves	5,583					
1795 9 Leaves						
1796	4,146					
1797 Small Eagle	14,555					

Capped Bust, Heraldic Eagle $10

	Business	Proof	Grade	Date Purchased	Amount Paid	Notes
1797 Heraldic Eagle						
1798/7 9x4 Stars	1,742					
1798/7 7x6 Stars						
1799	37,449					
1800	5,999					
1801	44,344					
1803 Small Stars	15,017					
1803 Large Stars						
1803 14 Reverse Stars						
1804	3,757					

Coronet $10

	Business	Proof	Grade	Date Purchased	Amount Paid	Notes
1838 No Motto	7,200	*				
1839 Old Portrait	38,248	*				
1839 New Portrait						
1840	47,338	*				
1841	63,131	*				
1841-O	2,500					
1842 Small Date	81,507	*				
1842 Large Date						
1842-O	27,400					
1843	75,462	*				
1843 Doubled Date						
1843-O	175,162					
1844	6,361	*				
1844-O	118,700	*				
1845	26,153	*				
1945-O	47,500					

	Business	Proof	Grade	Date Purchased	Amount Paid	Notes
1846	20,095	*				
1846-0	81,780					
1847	862,258	*				
1847-0	571,500					
1848	145,484	*				
1848-0	35,850					
1849	653,618					
1849-0	23,900					
1850 Large Date	291,451					
1850 Small Date						
1850-0	57,500					
1851	176,328					
1851-0	263,000					
1852	263,106					
1852-0	18,000	*				
1853	201,253					
1853/2						
1853-0	51,000	*				
1854	54,250					
1854-S	123,826					
1854-0 Small Date	52,500					
1854-0 Large Date						
1855	121,701	*				
1855-S	9,000					
1855-0	18,000					
1856	60,490	*				
1856-S	68,000					
1856-0	14,500					
1857	16,606	*				
1857-S	26,000					
1857-0	5,500					
1858	2,521	*				
1858-S	11,800					
1858-0	20,000					
1859	16,093	*				
1859-S	7,000					
1859-0	2,300					
1860	15,055	50				
1860-S	5,000					
1860-0	11,100					
1861	113,164	69				
1861-S	15,500					
1862	10,960	35				
1862-S	12,500					
1863	1,218	30				
1863-S	10,000					
1864	3,530	50				
1864-S	2,500					
1865	3,980	25				
1865-S	16,700					
1865-S Inverted 865/186						
1866 Motto	3,750	30				
1866-S No Motto	8,500					
1866-S With Motto	11,500					
1867	3,090	50				

	Business	Proof	Grade	Date Purchased	Amount Paid	Notes
1867-S	9,000					
1868	10,630	25				
1868-S	13,500					
1869	1,830	25				
1869-S	6,430					
1870	3,990	35				
1870-S	8,000					
1870-CC	5,908					
1871	1,790	30				
1871-S	16,500					
1871-CC	8,085					
1872	1,620	30				
1872-S	17,300					
1872-CC	4,600					
1873	800	25				
1873-S	12,000					
1873-CC	4,543					
1874	53,140	20				
1874-S	10,000					
1874-CC	16,767					
1875	100	20				
1875-CC	7,715					
1876	687	45				
1876-S	5,000					
1876-CC	4,696					
1877	797	20				
1877-S	17,000					
1877-CC	3,332					
1878	73,780	20				
1878-S	26,100					
1878-CC	3,244					
1879	384,740	30				
1879-S	224,000					
1879-CC	1,762					
1879-O	1,500					
1880	1,644,840	36				
1880-S	506,250					
1880-CC	11,190					
1880-O	9,200					
1881	3,877,220	42				
1881-S	970,000					
1881-CC	24,015					
1881-O	8,350					
1882	2,324,440	44				
1882-S	132,000					
1882-CC	6,764					
1882-O	10,820					
1883	208,700	49				
1883-S	38,000					
1883-CC	12,000					
1883-O	800					
1884	76,890	45				
1884-S	124,250					
1884-CC	9,925					
1885	253,462	67				
1885-S	228,000					

	Business	Proof	Grade	Date Purchased	Amount Paid	Notes
1886	236,100	60				
1886-S	826,000					
1887	53,600	80				
1887-S	817,000					
1888	132,924	72				
1888-S	648,700					
1888-O	21,335					
1889	4,440	45				
1889-S	425,400					
1890	57,980	63				
1890-CC	17,500					
1891	91,820	48				
1891-CC	103,732					
1892	797,480	72				
1892-S	115,500					
1892-CC	40,000					
1892-O	28,688					
1893	1,840,840	55				
1893-S	141,350					
1893-CC	14,000					
1893-O	17,000					
1894	2,470,735	43				
1894-S	25,000					
1894-O	107,500					
1895	567,770	56				
1895-S	49,000					
1895-O	98,000					
1896	76,720	78				
1896-S	123,750					
1897	1,000,090	69				
1897-S	234,750					
1897-O	42,500					
1898	812,130	67				
1898-S	473,600					
1899	1,262,219	86				
1899-S	841,000					
1899-O	37,047					
1900	293,840	120				
1900-S	81,000					
1901	1,718,740	85				
1901-S	2,812,750					
1901-O	72,041					
1902	82,400	113				
1902-S	469,500					
1903 P	125,830	96				
1903-S	538,000					
1903-O	112,771					
1904	161,930	108				
1904-O	108,950					
1905	200,992	86				
1905-S	369,250					
1906	165,420	77				
1906-D	981,000	*				
1906-S	457,000					
1906-O	86,895					

	Business	Proof	Grade	Date Purchased	Amount Paid	Notes
1907	1,203,899	74				
1907-D	1,030,000					
1907-S	210,500					

Indian Head $10

	Business	Proof	Grade	Date Purchased	Amount Paid	Notes
1907 Wire Rim, Periods	239,406					
1907 Rolled Rim, Periods						
1907 No Periods						
1908 With Motto	341,370	116				
1908	No Motto	33,500				
1908-D With Motto	836,500					
1908-D No Motto	210,000					
1908-S With Motto	59,850					
1909	184,789	74				
1909-D	121,540					
1909-S	292,350					
1910	318,500	204				
1910-D	2,356,640					
1910-S	811,000					
1911	505,500	95				
1911-D	30,100					
1911-S	51,000					
1912	405,000	83				
1912-S	300,000					
1913	442,000	71				
1913-S	66,000					
1914	151,000	50				
1914-D	343,500					
1914-S	208,000					
1915	351,000	75				
1915-S	59,000					
1916-S	138,500					
1920-S	126,500					
1926	1,014,999					
1930-S	96,000					
1932	4,463,000					
1933	312,500					

Double eagle
Coronet $20

	Business	Proof	Grade	Date Purchased	Amount Paid	Notes
1849 Unique						
1850	1,170,261	*				
1850-O	141,000					
1851	2,087,155					
1851-O	315,000					
1852	2,053,026					
1852-O	190,000					
1853	1,261,326					
1853-O	71,000					
1854	757,899					
1854-S	141,468	*				
1854-O	3,250					
1855	364,666					
1855-S	879,675					
1855-O	8,000					
1856	329,878	*				
1856-S	1,189,780					
1856-O	2,250					
1857	439,375					
1857-S	970,500					
1857-O	30,000					
1858	211,714	*				
1858-S	846,710					
1858-O	32,250					
1859	43,597	*				
1859-S	636,445					
1859-O	9,100					
1860	577,611	59				
1860-S	544,950					
1860-O	6,600					
1861	2,976,387	66				
1861 Paquet Reverse						
1861-S	268,000					
1861-S Paquet Reverse						
1861-O	17,741					
1862	92,098	35				
1862-S	8654,173					
1863	142,760	30				

	Business	Proof	Grade	Date Purchased	Amount Paid	Notes
1863-S	966,570					
1864	204,235	50				
1864-S	793,660					
1865	351,175	25				
1865-S	1,042,500					
1866	698,745	30				
1866-S With Motto	722,250					
1866-S No Motto	120,000					
1867	251,015	50				
1867-S	920,750					
1868	98,575	25				
1868-S	837,500					
1869	175,130	25				
1869-S	686,750					
1870	155,150	35				
1870-S	982,000					
1870-CC	3,789					
1871	80,120	30				
1871-S	928,000					
1871-CC	17,387					
1872	251,850	30				
1872-S	780,000					
1872-CC	26,900					
1873 Closed 3	1,709,800	25				
1873 Open 3						
1873-S Closed 3	1,040,600					
1873-S Open 3						
1873-CC	22,410					
1874	366,780	20				
1874-S	1,214,000					
1874-CC	115,000					
1875	295,720	20				
1875-S	1,230,000					
1875-CC	111,151					
1876	583,860	45				
1876-S	1,597,000					
1876-CC	138,441					
1877 TWENTY DOLLARS	397,650	20				
1877-S	1,735,000					
1877-CC	42,565					
1878	543,625	20				
1878-S	1,739,000					
1878-CC	13,180					
1879	207,600	30				
1879-S	1,223,800					
1879-CC	10,708					
1879-O	2,325					
1880	51,420	36				
1880-S	836,000					
1881	2,220	61				
1881-S	727,000					
1882	590	59				
1882-S	1,125,000					
1882-CC	39,140					
1883		92				
1883-S	1,189,000					

	Business	Proof	Grade	Date Purchased	Amount Paid	Notes
1883-CC	59,962					
1884		71				
1884-S	916,000					
1884-CC	81,139					
1885	751	77				
1885-S	683,500					
1885-CC	9,450					
1886	1,000	106				
1887		121				
1887-S	283,000					
1888	226,164	102				
1888-S	859,600					
1889	44,070	41				
1889-S	774,700					
1889-CC	30,945					
1890	75,940	55				
1890-S	802,750					
1890-CC	91,209					
1891	1,390	52				
1891-S	1,288,125					
1891-CC	5,000					
1892	4,430	93				
1892-S	930,150					
1892-CC	27,265					
1893	344,280	59				
1893-S	996,175					
1893-CC	18,402					
1894	1,368,940	50				
1894-S	1,048,550					
1895	1,114,605	51				
1895-S	1,143,500					
1896	792,535	128				
1896-S	1,403,925					
1897	1,383,175	86				
1897-S	1,470,250					
1898	170,395	75				
1898-S	2,575,175					
1899	1,669,300	84				
1899-S	2,010,300					
1900	1,874,460	124				
1900-S	2,459,500					
1901	111,430	96				
1901-S	1,596,000					
1902	31,140	114				
1902-S	1,753,625					
1903	282,270	158				
1903-S	954,000					
1904	6,256,699	98				
1904-S	5,134,175					
1905	58,919	90				
1905-S	1,813,000					
1906	69,596	94				
1906-D	620,250	*				
1906-S	2,065,750					
1907	1,451,786	78				

	Business	Proof	Grade	Date Purchased	Amount Paid	Notes

	Business	Proof	Grade	Date Purchased	Amount Paid	Notes
1907-D	842,250	*				
1907-S	2,165,800					

Saint-Gaudens $20

	Business	Proof	Grade	Date Purchased	Amount Paid	Notes
1907 Arabic Numerals	361,667					
1907 Roman Numerals, Extremely High Relief	11,250					
1907 Roman Numerals, High Relief, Wire Rim						
1907 Roman Numerals, High Relief, Flat Rim						
1908 No Motto	4,271,551					
1908 With Motto	156,258	101				
1908-D No Motto	663,750					
1908 With Motto	349,500					
1908-S With Motto	22,000					
1909	161,215	67				
1909/8						
1909-D	52,500					
1909-S	2,774,925					
1910	482,000	167				
1910-D	429,000					
1910-S	2,128,250					
1911	197,250	100				
191-D	846,500					
1911-S	775,750					
1912	149,750	74				
1913	168,780	58				
1913-D	393,500					
1913-S	34,000					
1914	95,250	70				
1914-D	453,000					
1914-S	1,498,000					
1915	152,000	50				
1915-S	567,500					
1916-S	796,000					
1920	228,250					
1920-S	558,000					
1921	528,500					
1922	1,375,500					
1922-S	2,658,000					

	Business	Proof	Grade	Date Purchased	Amount Paid	Notes
1923	566,000					
1923-D	1,702,250					
1924	4,323,500					
1924-D	3,049,500					
1924-S	2,927,500					
1925	2,831,750					
1925-D	2,938,500					
1925-S	3,776,500					
1926	816,750					
1926-D	481,000					
1926-S	2,041,500					
1927	2,946,750					
1927-D	180,000					
1927-S	3,107,000					
1928	8,816,000					
1929	1,779,750					
1930-S	74,000					
1931	2,938,250					
1931-D	106,500					
1932	1,101,750					
1933 Not Officially Issued	445,000					

American Eagle

1-ounce silver $1

	Business	Proof	Grade	Date Purchased	Amount Paid	Notes
1986 (S)	5,393,005					
1986-S		1,446,778				
1987 (S)	11,442,335					
1987-S		904,732				
1988 (S)	5,004,646					
1998-S		557,370				
1989-S		617,694				
1989 (S or W)	5,203,327					
1990-S		695,510				
1990 (S or W)	5,840,110					
1991-S		511,924				

	Business	Proof	Grade	Date Purchased	Amount Paid	Notes
1991 (S or W)	7,191,066					
1992-S		498,543				
1992 (S or W)	5,540,068					
1993-P		405,913				
1993 (S or W)	6,763,762					
1994-P		372,168				
1994 (S or W)	4,227,319					
1995-P		438,511				
1995 (S or W)	4,672,051					
1995-W		30,125				
1996-P		500,000				
1996 (S or W)	3,603,386					
1997-P		435,368				
1997 (S or W)	4,295,004					
1998-P						
1998 (S or W)						
1999-P						
1999 (S or W)						
2000-P						
2000 (S or W)						
2001-P						
2001 (S or W)						
2002-P						
2002 (S or W)						
2003-P						
2003 (S or W)						
2004-P						
2004 (S or W)						
2005-P						
2005 (S or W)						
2006-P						
2006 (S or W)						
2007-P						
2007 (S or W)						
2008-P						
2008 (S or W)						

1-ounce gold $50

	Business	Proof	Grade	Date Purchased	Amount Paid	Notes
1986 (W)	1,362,650					
1986-W		446,290				
1987 (W)	1,045,500					
1987-W		147,498				
1988 (W)	465,500					
1988-W		87,133				
1989 (W)	415,790					
1989-W		54,570				
1990 (W)	373,210					
1990-W		62,401				
1991 (W)	243,100					
1991-W		U				
1992 (W)	275,000					
1992-W		44,826				
1993 (W)	480,192					
1993-W		34,389				
1994 (W)	221,633					
1994-W		46,674				
1995 (W)	200,636					
1995-W		46,484				
1996 (W)	189,148					
1996-W		36,000				
1997 (S or W)	664,508					
1997-W		27,554				
1998-W						
1998 (S or W)						
1999-W						
1999 (S or W)						
2000-W						
2000 (S or W)						
2001-W						
2001 (S or W)						
2002-W						
2002 (S or W)						
2003-W						
2003 (S or W)						
2004-W						
2004 (S or W)						
2005-W						
2005 (S or W)						

	Business	Proof	Grade	Date Purchased	Amount Paid	Notes
2006-W						
2006 (S or W)						
2007-W						
2007 (S or W)						
2008-W						
2008 (S or W)						

Half-ounce gold $25

	Business	Proof	Grade	Date Purchased	Amount Paid	Notes
1986 (W)	599,566					
1987-P		143,398				
1987 (W)	131,255					
1988-P		76,528				
1988 (W)	45,000					
1989-P		44,798				
1989 (W)	44,829					
1990-P		51,636				
1990 (W)	31,000					
1991-P		U				
1991 (W)	24,100					
1992-P		40,976				
1992 (W)	54,404					
1993-P		43,319				
1993 (W)	73,324					
1994-P		44,584				
1994 (W)	62,400					
1995 W		45,442				
1995 (W)	53,474					
1996 W		34,700				
1996 (W)	39,287					
1997-P		26,340				
1997 (S or W)	79,605					
1998 W						
1998 (S or W)						
1999-W						
1999 (S or W)						
2000-W						
2000 (S or W)						
2001-W						
2001 (S or W)						
2002-W						
2002 (S or W)						
2003-W						
2003 (S or W)						
2004-W						
2004 (S or W)						
2005-W						
2005 (S or W)						

	Business	Proof	Grade	Date Purchased	Amount Paid	Notes
2006-W						
2006 (S or W)						
2007-W						
2007 (S or W)						
2008-W						
2008 (S or W)						

Quarter-ounce gold $10

	Business	Proof	Grade	Date Purchased	Amount Paid	Notes
1986 (W)	726,031					
1987 (W)	269,255					
1988-P		98,028				
1988 (W)	49,000					
1989-P		54,170				
1989 (W)	81,789					
1990-P		62,674				
1990 (W)	41,000					
1991-P		U				
1991 (W)	36,100					
1992-P		46,269				
1992 (W)	59,546					
1993-P		U				
1993 (W)	71,864					
1994-P		48,172				
1994 (W)	72,650					
1995 W		47,484				
1995 (W)	83,752					
1996 W		37,900				
1996 (W)	60,318					
1997-P		29,808				
1997 (S or W)	108,805					
1998-P						
1998 (S or W)						
1999-P						
1999 (S or W)						
2000-P						
2000 (S or W)						
2001-P						
2001 (S or W)						
2002-P						
2002 (S or W)						
2003-P						
2003 (S or W)						
2004-P						
2004 (S or W)						
2005-P						
2005 (S or W)						
2006-P						
2006 (S or W)						

	Business	Proof	Grade	Date Purchased	Amount Paid	Notes
2007-P						
2007 (S or W)						
2008-P						
2008 (S or W)						

Tenth-ounce gold $5

	Business	Proof	Grade	Date Purchased	Amount Paid	Notes
1986 (W)	912,609					
1987 (W)	580,266					
1988-P		143,881				
1988 (W)	159,500					
1989-P		84,647				
1989 (W)	264,790					
1990-P		99,349				
1990 (W)	210,210					
1991-P		U				
1991 (W)	165,200					
1992-P		64,874				
1992 (W)	209,300					
1993-P		58,649				
1993 (W)	210,709					
1994-P		62,849				
1994 (W)	206,380					
1995-W		62,673				
1995 (W)	223,025					
1996-W		56,700				
1996 (W)	401,964					
1997-P		34,984				
1997 (S or W)	528,266					
1998-P						
1998 (S or W)						
1999-P						
1999 (S or W)						
2000-P						
2000 (S or W)						
2001-P						
2001 (S or W)						
2002-P						
2002 (S or W)						
2003-P						
2003 (S or W)						
2004-P						
2004 (S or W)						
2005-P						
2005 (S or W)						
2006-P						
2006 (S or W)						
2007-P						
2007 (S or W)						
2008-P						
2008 (S or W)						

1-ounce platinum $100

	Business	Proof	Grade	Date Purchased	Amount Paid	Notes
1997-W		18,000				
1997 (W)	56,000					
1998-W						
1998 (W)						
1999-W						
1999 (W)						
2000-W						
2000 (W)						
2001-W						
2001 (W)						
2002-W						
2002 (W)						
2003-W						
2003 (W)						
2004-W						
2004 (W)						
2005-W						
2005 (W)						
2006-W						
2006 (W)						
2007-W						
2007 (W)						
2008-W						
2008 (W)						

Half-ounce platinum $50

	Business	Proof	Grade	Date Purchased	Amount Paid	Notes
1997-W		15,463				
1997 (W)	20,500					
1998-W						
1998 (W)						
1999-W						
1999 (W)						
2000-W						
2000 (W)						
2001-W						

	Business	Proof	Grade	Date Purchased	Amount Paid	Notes
2001 (W)						
2002-W						
2002 (W)						
2003-W						
2003 (W)						
2004-W						
2004 (W)						
2005-W						
2005 (W)						
2006-W						
2006 (W)						
2007-W						
2007 (W)						
2008-W						
2008 (W)						

Quarter-ounce platinum $25

	Business	Proof	Grade	Date Purchased	Amount Paid	Notes
1997-W		18,661				
1997 (W)	27,100					
1998-W						
1998 (W)						
1999-W						
1999 (W)						
2000-W						
2000 (W)						
2001-W						
2001 (W)						
2002-W						
2002 (W)						
2003-W						
2003 (W)						
2004-W						
2004 (W)						
2005-W						
2005 (W)						
2006-W						
2006 (W)						
2007-W						
2007 (W)						
2008-W						
2008 (W)						

Tenth-ounce platinum $10

	Business	Proof	Grade	Date Purchased	Amount Paid	Notes
1997-W		37,025				
1997 (W)	70,250					
1998-W						
1998 (W)						
1999-W						
1999 (W)						

	Business	Proof	Grade	Date Purchased	Amount Paid	Notes
2000-W						
2000 (W						
2001-W						
2001 (W)						
2002-W						
2002 (W)						
2003-W						
2003 (W)						
2004-W						
2004 (W)						
2005-W						
2005 (W)						
2006-W						
2006 (W)						
2007-W						
2007 (W)						
2008-W						
2008 (W)						

Commemoratives

	Net Mintage	Grade	Date Purchased	Amount Paid	Notes
Columbian Exposition half dollar					
1892	950,000				
1893	1,550,405				
Isabella quarter dollar					
1893	24,124				
Lafayette-Washington silver dollar					
1900	36,026				
Louisiana Purchase Exposition gold dollar					
1903	17,375				
Lewis and Clark Exposition gold dollar					
1904	10,025				
1905	10,041				
Panama-Pacific Exposition half dollar					
1915-S	27,134				
Panama-Pacific Exposition gold dollar					
1915-S	15,000				
Panama-Pacific Exposition quarter eagle					
1915-S	6,749				
Panama-Pacific Exposition $50					
1915-S Round	483				
1915-S Octag.	645				
McKinley Memorial gold dollar					
1916	9,977				
1917	10,000				
Illinois Centennial half dollar					
1918	100,058				
Maine Centennial half dollar					
1920	50,028				
Pilgrim Tercentenary half dollar					
1920	152,112				
1921	20,053				

	Net Mintage	Grade	Date Purchased	Amount Paid	Notes
Missouri Centennial half dollar					
1921 2*4	5,000				
1921 No 2*4	15,428				
Alabama Centennial half dollar					
1921 2X2	6,006				
1921 No 2X2	59,038				
Grant Memorial half dollar					
1922 Star	4,256				
1922 No Star	67,405				
Grant Memorial gold dollar					
1922 Star	5,016				
1922 No Star	5,000				
Monroe Doctrine Centennial half dollar					
1923-S	274,077				
Huguenot-Walloon Tercentenary half dollar					
1924	142,080				
Lexington-Concord Sesquicentennial half dollar					
1925	162,099				
Stone Mountain half dollar					
1925	1,314,709				
California Diamond Jubilee half dollar					
1925-S	86,594				
Fort Vancouver Centennial half dollar					
1925	14,994				
American Independence Sesquicentennial half dollar					
1926	141,120				
American Independence Sesquicentennial quarter eagle					
1926	46,019				
Oregon Trail Memorial half dollar					
1926	47,955				
1926-S	83,055				
1928	6,028				
1933-D	5,008				
1934-D	7,006				
1936	10,006				
1936-S	5,006				
1937-D	12,008				
1938	6,006				
1938-D	6,005				
1938-S	6,006				
1939	3,004				
1939-D	3,004				
1939-S	3,005				
Vermont Sesquicentennial half dollar					
1927	28,162				
Hawaiian Sesquicentennial half dollar					
1928	10,000				
Maryland Tercentenary half dollar					
1934	25,015				
Texas Independence Centennial					
1934	61,463				
1935	9,996				
1935-D	10,007				
1935-S	10,008				
1936	8,911				

	Net Mintage	Grade	Date Purchased	Amount Paid	Notes
1936-D	9,039				
1936-S	9,055				
1937	6,571				
1937-D	6,605				
1937-S	6,637				
19385	3,780				
1938-D	3,775				
1938-S	3,814				
Daniel Boone Bicentennial half dollar					
1934	10,007				
1935	10,010				
1935-D	5,005				
1935-S	5,005				
1935 With 1934	10,008				
1935-D With 1934	2,003				
1935-S With 1934	2,004				
1936	12,012				
1936-D	5,005				
1936-S	5,006				
1937	9,810				
1937-D	2,506				
1937-S	2,506				
1938	2,100				
1938-D	2,100				
1938-S	2,100				
Connecticut Tercentenary half dollar					
1935	25,018				
Arkansas Centennial half dollar					
1935	13,012				
1935-D	5,005				
1935-S	5,006				
1936	9,660				
1936-D	9,660				
1936-S	9,662				
1937	5,505				
1937-D	5,505				
1937-S	5,506				
1938	3,156				
1938-D	3,155				
1938-S	3,156				
1939	2,104				
1939-D	2,104				
1939-S	2,105				
Arkansas-Robinson half dollar					
1936	25,265				
Hudson, N.Y., Sesquicentennial half dollar					
1935	10,008				
California-Pacific International Expo					
1935-S	70,132				
1936-D	30,092				
Old Spanish Trail half dollar					
1935	10,008				
Providence, R.I., Tercentenary					
1936	20,013				
1936-D	15,010				
1936-S	15,011				

	Net Mintage	Grade	Date Purchased	Amount Paid	Notes
Cleveland, Great Lakes Exposition half dollar					
1936	50,030				
Wisconsin Territorial Centennial half dollar					
1936	25,015				
Cincinnati Music Center half dollar					
1936	5,005				
1936-D	5,005				
1936-S	5,006				
Long Island Tercentenary half dollar					
1936	81,826				
York County, Maine, Tercentanary half dollar					
1936	25,015				
Bridgeport, Conn., Centennial half dollar					
1936	25,015				
Lynchburg, Va., Sesquicentennial half dollar					
1936	20,013				
Elgin, Ill., Centennial half dollar					
1936	20,015				
Albany, N.Y., half dollar					
1936	17,671				
San Francisco-Oakland Bay Bridge half dollar					
1936-S	71,424				
Columbia, S.C., Sesquicentennial half dollar					
1936	9,007				
1936-D	8,009				
1936-S	8,007				
Delaware Tercentenary half dollar					
1936	20,993				
Battle of Gettysburg half dollar					
1936	26,928				
Norfolk, Va., Bicentennial half dollar					
1936	16,936				
Roanoke Island, N.C., half dollar					
1937	29,030				
Battle of Antietam half dollar					
1937	18,028				
New Rochelle, N.Y., half dollar					
1938	15,266				
Iowa Statehood Centennial half dollar					
1946	100,057				
Booker T. Washington half dollar					
1946	?				
1946-D	?				
1946-S	?				
1947	?				
1947-D	?				
1947-S	?				
1948	8,005				
1948-D	8,005				
1948-S	8,005				
1949	6,004				
1949-D	6,004				
1949-S	6,004				
1950	6,004				
1950-D	6,004				
1950-S	?				

	Net Mintage	Grade	Date Purchased	Amount Paid	Notes
1951	?				
1951-D	7,004				
1951-S	7,004				
Booker T. Washington/George Washington Carver					
1951	110,018				
1951-D	10,004				
1951-S	10,004				
1952	2,006,292				
1952-D	8,006				
1952-S	8,006				
1953	8,003				
1953-D	8,003				
1953-S	108,020				
1954	12,006				
1954-D	12,006				
1954-S	122,024				
George Washington half dollar					
1982-D	2,210,458				
1982-S	4,894,044				
Los Angeles Olympic Games silver dollar					
1983-P Unc.	294,543				
1983-D Unc.	174,014				
1983-S Unc.	174,014				
1983-S Proof	1,577,025				
Los Angeles Olympic Games silver dollar					
1984-P Unc.	217,954				
1984-D Unc.	116,675				
1984-S Unc.	116,675				
1984-S Proof	1,801,210				
Los Angeles Olympic Games gold eagle					
1984-P Proof	33,309				
1984-D Proof	34,533				
1984-S Proof	48,551				
1984-W Proof	381,085				
1984-W Unc.	75,886				
Statue of Liberty, Immigrant half dollar					
1986-D Unc.	928,008				
1986-S Proof	6,925,627				
Statue of Liberty, Ellis Island dollar					
1986-P Unc.	723,635				
1986-S Proof	6,414,638				
Statue of Liberty half eagle					
1986-W Unc.	95,248				
1986-W Proof	404,013				
Constitution Bicentennial silver dollar					
1987-P Unc.	451,629				
1987-S Proof	2,747,116				
Constitution Bicentennial half eagle					
1987-W Unc.	214,225				
1987-W Proof	651,659				
1988 Olympic Games silver dollar					
1988-D Unc.	191,368				
1988-S Proof	1,359,366				
1988 Olympic Games gold half eagle					
1988-W Unc.	62,913				

	Net Mintage	Grade	Date Purchased	Amount Paid	Notes
1988-W Proof	281,465				
Congress Bicentennial half dollar					
1989-D Unc.	163,753				
1989-S Proof	767,897				
Congress Bicentennial silver dollar					
1989-D Unc.	135,203				
1989-S Proof	762,198				
Congress Bicentennial half eagle					
1989-W Unc.	46,899				
1989-W Proof	164,690				
Eisenhower Birth Centennial silver dollar					
1990-W Unc.	241,669				
1990-P Proof	1,144,461				
Mount Rushmore 50th Anniversary half dollar					
1991-D Unc.	172,754				
1991-S Proof	753,257				
Mount Rushmore 50th Anniversary silver dollar					
1991-P Unc.	133,139				
1991-S Proof	738,419				
Mount Rushmore 50th Anniversary half eagle					
1991-W Unc.	31,959				
1991-W Proof	111,991				
Korean War Memorial silver dollar					
1991-D Unc.	213,049				
1991-P Proof	618,488				
USO 50th Anniversary silver dollar					
1991-D Unc.	124,958				
1991-S Proof	321,275				
1992 Olympics clad half dollar					
1992-P Unc.	161,607				
1992-S Proof	519,645				
1992 Olympics silver dollar					
1992-D Unc.	187,552				
1992-S Proof	504,505				
1992 Olympic gold half eagle					
1992-W Unc.	27,732				
1992-W Proof	77,313				
White House Bicentennial silver dollar					
1992-D Unc.	123,803				
1992-W Proof	375,851				
Columbus Quincentenary clad half dollar					
1992-D Unc.	135,702				
1992-S Proof	390,154				
Columbus Quincentenary silver dollar					
1992-D Unc.	106,949				
1992-P Proof	385,241				
Columbus Quincentenary half eagle					
1992-W Unc.	24,329				
1992-W Proof	79,730				
Bill of Rights/Madison silver half dollar					
1993-W Unc.	193,346				
1993-S Proof	586,315				
Bill of Rights/Madison silver dollar					
1993-D Unc.	98,383				
1993-S Proof	534,001				

	Net Mintage	Grade	Date Purchased	Amount Paid	Notes
Bill of Rights/Madison gold $5 half eagle					
1993-W Unc.	23,266				
1993-W Proof	78,651				
World War II 50th Anniversary clad half dollar					
1991-1995-P Unc.	197,072				
1991-1995-S Proof	317,396				
World War II 50th Anniversary silver dollar					
1991-1995-D Unc.	107,240				
1991-1995-W Proof	342,041				
World War II 50th Anniversary gold $5 half eagle					
1991-1995-W Unc.	23,672				
1991-1995-W Proof	67,026				
Thomas Jefferson 250th Anniversary silver dollar					
1743-1993-P Unc.	266,927				
1743-1993-S Proof	332,891				
World Cup Soccer clad half dollar					
1994-D Unc.	168,208				
1994-P Proof	609,354				
World Cup Soccer silver dollar					
1994-D Unc.	81,524				
1994-S Proof	577,090				
World Cup Soccer gold $5 half eagle					
1994-W Unc.	22,447				
1994-W Proof	89,614				
Prisoner of War silver dollar					
1994-W Unc.	54,790				
1994-P Proof	220,100				
Vietnam Veterans Memorial silver dollar					
1994-W Unc.	57,317				
1994-P Proof	226,262				
Women in Military Service silver dollar					
1994-W Unc.	53,054				
1994-P Proof	213,201				
U.S. Capitol Bicentennial silver dollar					
1994-D Unc.	68,332				
1994-S Proof	279,579				
Civil War Battlefields clad half dollar					
1995-D Unc	113,045				
1995-S Proof	326,801				
Civil War Battlefields silver dollar					
1995-P Unc	51,612				
1995-S Proof	327,686				
Civil War Battlefields gold half eagle					
1995-W Unc.	12,623				
1995-W Proof	54,915				
Special Olympics World Games silver dollar					
1995-W Unc.	89,298				
1995-P Proof	352,449				
Games of the XXVI Olympiad, Atlanta clad half dollar					
1995-S Basketball Unc.	171,001				
1995-S Basketball Proof	169,655				
Games of the XXVI Olympiad, Atlanta clad half dollar					
1995-S Baseball Unc.	164,605				
1995-S Baseball Proof	118,087				
Games of the XXVI Olympiad, Atlanta silver dollar					
1995-D Gymnastics Unc.	42,497				

	Net Mintage	Grade	Date Purchased	Amount Paid	Notes
1995-S Gymnastics Proof	182,676				
Games of the XXVI Olympiad, Atlanta silver dollar					
1995-D Cycling Unc.	19,662				
1995-S Cycling Proof	118,795				
Games of the XXVI Olympiad, Atlanta silver dollar					
1995-D Track & Field Unc.	24,796				
1995-S Track & Field Proof	136,935				
Games of the XXVI Olympiad, Atlanta silver dollar					
1995-D Paralympic, blind runner Unc.	28,649				
1995-S Paralympic, blind runner Proof	138,337				
Games of the XXVI Olympiad, Atlanta gold half eagle					
1995-W Torch Runner gold Unc.	14,675				
1995-W Torch Runner gold Proof	57,442				
Games of the XXVI Olympiad, Atlanta gold half eagle					
1995-W Atlanta Stadium gold Unc.	10,579				
1995-W Atlanta Stadium gold Proof	43,124				
Games of the XXVI Olympiad, Atlanta clad half dollar					
1996-S Swimming clad Unc.	49,533				
1996-S Swimming clad Proof	114,315				
Games of the XXVI Olympiad, Atlanta clad half dollar					
1996-S Soccer clad Unc.	52,836				
1996-S Soccer clad Proof	122,412				
Games of the XXVI Olympiad, Atlanta silver dollar					
1996-D Tennis Unc.	15,983				
1996-S Tennis Proof	92,016				
Games of the XXVI Olympiad, Atlanta silver dollar					
1996-D Rowing Unc.	16,258				
1996-S Rowing Proof	151,890				
Games of the XXVI Olympiad, Atlanta silver dollar					
1996-D High Jump Unc.	15,697				
1996-S High Jump Proof	124,502				
Games of the XXVI Olympiad, Atlanta silver dollar					
1996-D Paralympic, wheelchair athlete Unc.	14,497				
1996-S Paralympic, wheelchair athlete Proof	84,280				
Games of the XXVI Olympiad, Atlanta gold half eagle					
1996-W Olympic Flame brazier Unc.	9,174				
1996-W Olympic Flame brazier Proof	32,886				
Games of the XXVI Olympiad, Atlanta gold half eagle					
1996-W Flagbearer Unc.	9,174				
1996-W Flagbearer Proof	32,886				
National Community Service silver dollar					
1996-P Unc.	23,463				
1996-S Proof	100,749				
Smithsonian 150th Anniversary silver dollar					
1996-P Unc.	31,320				
1996-S Proof	129,152				
Smithsonian 150th Anniversary gold half eagle					
1996-W Unc.	9,068				

	Net Mintage	Grade	Date Purchased	Amount Paid	Notes
1996-W Proof	21,772				
Botanic Garden silver dollar					
1997-P Unc.	83,505				
1997-P Proof	269,843				
Franklin Delano Roosevelt gold $5 half eagle					
1997-W Unc.					
1997-W Proof					
National Law Enforcement Officers Memorial silver dollar					
1997-P Unc.					
1997-P Proof					
Jackie Robinson silver dollar					
1997-S Unc.					
1997-S Proof					
Jackie Robinson gold $5 half eagle					
1997-WUnc.					
1997-WProof					
Robert F. Kennedy silver dollar					
1998 S Unc.					
1998 S Proof					
Black Revolutionary War Patriots silver dollar					
1998-S Unc.					
1998-S Proof					
Dolley Madison silver dollar					
1999 Unc.					
1999 Proof					
George Washington gold $5 half eagle					
1999 Unc.					
1999 Proof					
Yellowstone National Park silver $1					
1999 Unc.					
1999 Proof					
West Point Military Academy silver $1					
2002 Unc.					
2002 Proof					
First Flight clad half dollar					
2003 Unc.					
2003 Proof					
First Flight silver $1					
2003 Unc.					
2003 Proof					
First Flight gold $10					
2003 Unc.					
2003 Proof					

Net Mintage	Grade	Date Purchased	Amount Paid	Notes

| | | Date | Amount | |
Net Mintage	Grade	Purchased	Paid	Notes

Proof sets

	Net Mintage	Grade	Date Purchased	Amount Paid	Notes
1950	51,386				
1951	57,500				
1952	81,980				
1953	128,800				
1954	233,300				
1955	378,200				
1956	669,384				
1957	1,247,952				
1958	875,652				
1959	1,149,291				
1960	1,691,602				
1961	3,028,244				
1962	3,218,019				
1963	3,075,645				
1964	3,950,762				
Production suspended during 1965, 1966, 1967					
1968	3,041,506				
1969	2,934,631				
1970	2,632,810				
1971	3,220,733				
1972	3,260,996				
1973	2,760,339				
1974	2,612,568				
1975	2,845,450				
1976	4,123,056				
1977	3,236,798				
1978	3,120,285				
1979	3,677,175				
1980	3,554,806				
1981	4,063,083				
1982	3,857,479				
1983	3,138,765				
1983 Prestige	140,361				
1984	2,748,430				
1984 Prestige	316,680				
1985	3,362,821				
1986	2,411,180				
1986 Prestige	599,317				
1987	3,356,738				
1987 Prestige	435,495				
1988	3,031,287				
1988 Prestige	231,661				
1989	3,009,107				
1989 Prestige	211,807				
1990	2,793,433				
1990 Prestige	506,126				
1991	2,610,833				
1991 Prestige	256,954				
1992	2,675,618				
1992 Prestige	183,285				
1992 Silver	1,009,586				
1992 Premiere	308,055				

	Net Mintage	Grade	Date Purchased	Amount Paid	Notes
1993	2,337,819				
1993 Prestige	232,063				
1993 Silver	589,712				
1993 Premiere	201,282				
1994	2,308,701				
1994 Prestige	175,893				
1994 Silver	636,009				
1994 Premiere	149,320				
1995	2,018,945				
1995 Prestige	105,845				
1995 Silver	537,374				
1995 Premiere	128,903				
1996	2,085,191				
1996 Prestige	59,886				
1996 Silver	623,264				
1996 Premier	151,817				
1997	1,975,000				
1997 Prestige	80,000				
1997 Silver	605,289				
1997 Premier	135,905				
1998					
1998 Silver					
1998 Premier					
1999					
2000					
2001					
2002					
2003					
2004					
2005					
2006					
2007					
2008					

40% silver clad dollar sets

Struck in San Francisco	Unc.	Proof	Grade	Date Purchased	Amount Paid	Notes
1971	6,868,530	4,265,234				
1972	2,193,056	1,811,631				
1973	1,883,140	1,013,646				
1974	1,900,156	1,306,579				

Special Mint sets

	Net Mintage	Grade	Date Purchased	Amount Paid	Notes
1965	2,360,000				
1966	2,261,583				
1967	1,863,344				

Bicentennial sets

	Net Mintage	Grade	Date Purchased	Amount Paid	Notes
1976 Proof	3,998,621				
1976 Uncirculated	4,908,319				

Uncirculated sets

	Net Mintage	Grade	Date Purchased	Amount Paid	Notes
1947	12,600				
1948	17,000				
1949	20,739				
1951	8,654				
1952	11,499				
1953	15,538				
1954	25,599				
1955	49,656				
1956	45,475				
1957	34,324				
1958	50,314				
1959	187,000				
1960	260,485				
1961	223,704				
1962	385,285				
1963	606,612				
1964	1,008,108				
1965	2,360,000				
1966	2,261,583				
1967	1,863,344				
1968	2,105,128				
1969	1,817,392				
1970	2,038,134				
1971	2,193,396				
1972	2,750,000				
1973	1,767,691				
1974	1,975,981				
1975	1,921,488				
1976	1,892,513				
1977	2,006,869				
1978	2,162,609				
1979	2,526,000				
1980	2,815,066				
1981	2,908,145				
1984	1,832,857				
1985	1,710,571				
1986	1,153,536				
1987	2,890,758				
1988	1,447,100				
1989	1,987,915				
1990	1,809,184				
1991	1,352,101				
1992	1,500,098				
1993	1,297,094				
1994	1,234,813				

	Net Mintage	Grade	Date Purchased	Amount Paid	Notes
1995	1,013,559				
1995 Deluxe	24,166				
1996	1,450,440				
1997	940,047				
1998					
1999					
2000					
2001					
2002					
2003					
2004					
2005					
2006					
2007					
2008					

Notes